1939-1945
WORLD WAR TWO

AF471546

AUTORE

Paolo Crippa (23 aprile 1978) coltiva sin dai tempi del Liceo la passione per la Storia italiana, soprattutto della Seconda Guerra Mondiale. Le sue ricerche si incentrano soprattutto nel campo della storia militare ed in particolare sulle unità corazzate a partire dagli anni '30 fino alla fine della Seconda Guerra Mondiale. Nel 2006 pubblica il suo primo volume, "I Reparti Corazzati della Repubblica Sociale Italiana 1943/1945", prima ricerca organica compiuta e pubblicata in Italia sull'argomento, a cui fanno seguito "Duecento Volti della R.S.I." (2007), "Un anno con il 27° Reggimento Artiglieria Legnano" (2011) e "I reparti controguerriglia della R.S.I." (2020). Ha all'attivo più di quaranta articoli per le riviste Milites, Historica Nuova, SGM – Seconda Guerra Mondiale, Batailes & Blindes, Ritterkreuz, Fronti di Guerra, Mezzi Corazzati, Storia & Battaglie, Umago Viva, La Martinella e Storia del Novecento, sia come autore, sia in collaborazione con altri ricercatori ed ha realizzato collaborazioni e consulenze per altri autori nella stesura di testi storico – uniformologici. Dal 2019 collabora con Luca Cristini Editore nella realizzazione della collana "Witness to War" e dal 2020 ne è il Direttore. Con Mattioli 1885 ha pubblicato "Italia 43-45. I blindati di circostanza della guerra civile" (2014), "I mezzi corazzati italiani della guerra civile 1943-1945" (2015) e "Italia 43-45. I mezzi delle Unità cobelligeranti" (2018).

PUBLISHING'S NOTES

LICENSES COMMONS

For a complete list of Soldiershop titles please contact Luca Cristini Editore on our website: www.soldiershop.com or www.cristinieditore.com. E-mail: info@soldiershop.com

Titolo: **CARRISTI ITALIANI NEL DODECANESO** Code.: **WTW-032 IT** Di Paolo Crippa
ISBN code: 978-88-93278294 prima edizione Marzo2022
Lingua: Italiano Nr. di immagini: 124 dimensione: 177,8x254mm Cover & Art Design: Luca S. Cristini

WITNESS TO WAR (SOLDIERSHOP) is a trademark of Luca Cristini Editore, via Orio, 35/4 - 24050 Zanica (BG) ITALY.

WITNESS TO WAR

CARRISTI ITALIANI NEL DODECANESO 1940 - 1945

PHOTOS & IMAGES FROM WORLD WARTIME ARCHIVES

PAOLO CRIPPA

BOOKS TO COLLECT

INDICE

L3/35 3a Compagnia - Operazione "Merkur"

PREFAZIONE

Amai le isole del Dodecaneso a prima vista, quando ci sbarcai la prima volta nel lontano 2006. Imparai a conoscere Rodi e la sua storia, sia quella più lontana, sia quella più recente, storia che parla la lingua italiana, mi appassionai ed approfondii le vicende militari che caratterizzarono l'arcipelago durante gli anni del Fascismo.

Scoprii così che in questo remoto angolo del mare Mediterraneo negli anni '40 del secolo scorso fu inviato un piccolo reparto di Carristi italiani, il CCCXII Battaglione Carri Misto dell'Egeo, un reparto sconosciuto e dimenticato, del quale esiste scarsissima documentazione ufficiale. Nonostante non abbia parte preso a scontri bellici, a causa dell'isolamento a cui furono condannate le Isole Italiane dell'Egeo, se non all'invasione di Creta del 1941, questo reparto fu toccato da dolore e morte dopo l'Armistizio, quando la quasi totalità dei Carristi fu fatta prigioniera dei tedeschi e moltissimi di loro morirono tragicamente negli affondamenti dei piroscafi che dall'Egeo li portavano verso l'Europa, una immane tragedia ingiustamente dimenticata.

Ringraziamenti

Desidero ringraziare in primo luogo Antonio Fragassi, reduce del CCCXII Battaglione Carristi, che anni fa mi concesse un'intervista, facendomi partecipe dei suoi ricordi e mettendomi anche a disposizione le fotografie scattate durante la sua permanenza a Rodi. Ringrazio anche suo nipote Alessandro per la grande disponibilità dimostratami nel corso di questi anni, ogni qualvolta avessi necessità di contattarlo per avere delucidazioni. Ringrazio inoltre Francesco Pedonesi, che ha gentilmente messo a disposizione le fotografie del padre Dante, carrista del CCCXII, e ne ha voluto condividere i ricordi. Il mio grazie anche a Pasquale Iengo, nipote omonimo di un Carrista del Battaglione, ed Alberto Durgante, nipote del tenente Augusto Durgante, militari entrambi periti nel naufragio del Piroscafo "Oria".

Infine, ringrazio l'amico Antonio Tallillo per la collaborazione nella ricerca iconografica.

Paolo Crippa

▲ Compagnia da sbarco della Regia Marina in arrivo in Egeo nel 1912.

▲ Il porto di Rodi visto da un idrovolante in volo nell'estate 1941 (ACS).

▼ Idrovolanti nel porto di Rodi bel 1942: il collegamento tra le isole del Dodecaneso e tra l'arcipelago e l'Italia veniva tenuto da linee di idrovolanti (ACS).

▲ Lavori alla base dei MAS dell'isola di Lero nell'inverno 1942 (ACS).

▼ Una nave armata trasporta truppe del Regio Esercito e Camicie Nere all'isola di Samo nell'estate del 1941 (ACS).

▲ Un Carabiniere a bordo del piroscafo “Fiume”, nave che compiva servizio di linea tra le isole dell’Egeo (ACS).

IL DODECANESO ITALIANO

Il Dodecaneso, un gruppo di isole delle Sporadi meridionali, durante la guerra di Libia rappresentavano una base importante di rifornimento per le guarnigioni turche. Per questa ragione, nel febbraio 1912, l'ammiraglio Thaon di Ravel ne aveva pianificato l'occupazione; il successivo 26 aprile fu occupata l'isola di Stampalia e il 4 maggio il Corpo di spedizione italiano sbarcò a Rodi, che fu completamente occupata il 17.

Per rappresaglia il governo turco espulse circa 70.000 italiani dall'Impero Ottomano, anche se molti riuscirono a rimanere perché impiegati nelle ditte europee là dislocate.

In virtù del Trattato di Pace di Losanna del 18 ottobre 1912, la presenza italiana nel Dodecaneso doveva limitarsi al tempo necessario allo sgombero delle turche dalla Tripolitania e dalla Cirenaica, ma vista l'ambiguità del trattato ed il protrarsi della "resistenza" in Libia, Inghilterra e Francia (Patto di Londra del 26 aprile 1915) riconobbero all'Italia il pieno diritto sulle isole, confermandone il dominio da una clausola del Trattato di Sèvres (10 agosto 1920) e dalla successiva pace di Losanna del 24 luglio 1923.

L'amministrazione militare italiana del Dodecaneso durò fino al 7 agosto 1920, quando fu insediato il primo governatorato civile. Inizialmente si scelse di identificare il Dodecaneso non come colonia ma come possedimento (ci si trovava di fronte ad una popolazione "bianca" e non si voleva scontentare il locale movimento irredentista, che si dimostrava in buona parte favorevole all'occupazione italiana). Il governo del possedimento aveva sede a Rodi, nelle isole era rappresentato da un reggente e le popolazioni locali erano rappresentate dal Consiglio dei Sindaci, con poteri solo consultivi su alcuni aspetti amministrativi.

Nel 1925 la popolazione residente prima del trattato di Losanna ottenne la cittadinanza italiana, sebbene senza diritti politici e senza obbligo di leva.

Nel 1930, l'arcipelago fu elevato al rango di colonia con il nome di Isole italiane dell'Egeo; il 1936 segnò l'inizio di un periodo di fascistizzazione per l'arcipelago, con l'arrivo del Cesare Maria De Vecchi, conte di Val Cismon, dopo un lungo periodo di prosperità.

Allo scoppio della Seconda guerra mondiale il Dodecaneso si trovò improvvisamente isolato dalla madrepatria. Le sue difese erano state rafforzate in virtù di una progressiva militarizzazione delle isole (erano presenti complessivamente circa 50.000 militari, ma con armamenti e mezzi scarsi, tra Esercito, Marina ed Aeronautica), vi erano presenti tre aeroporti militari (a Rodi quelli di Maritza e di Gadurrà) e basi navali (ricordiamo quelle dei MAS di Rodi e, soprattutto, quella di Lero). L'isola di Rodi era presidiata dalla Divisione di Fanteria "Regina", dalla quale dipese operativamente il CCXIII Battaglione Misto Carri dell'Egeo. La presenza di una notevole flotta britannica rendeva però pericolosa la navigazione della flotta mercantile italiana. Al governatore De Vecchi subentrò dapprima il generale Ettore Bastico nel 1941, sostituito a sua volta dall'ammiraglio Inigo Campioni nel 1942.

Lontano dalla madrepartia, l'arcipelago fu relegato ad un ruolo secondario nel corso del conflitto, ma la popolazione patì per lunghi periodi la fame, per la difficoltà di approvvigionare derrate, dato che le isole non erano pienamente autosufficienti. L'Armistizio portò ad un peggioramento delle condizioni, a causa dell'occupazione tedesca, che sfociò anche nella deportazione della locale comunità ebraica.

Il 9 maggio 1945 si completò lo sbarco delle truppe ingelsi sulle isole, ponendo fine alla sovranità italiana sull'arcipelago; la firma del Trattato di Pace di Parigi del 10 febbraio 1947 e la consegna delle isole alla Grecia segnò la definitiva fine del dominio italiano.

La Divisione Fanteria "Regina"

La 50ª Divisione Fanteria "Regina" derivava dalla Brigata "Regina" dell'Armata Sarda e, dopo complesse vicende organiche, nel 1938 la Brigata delle Murge cedette il 9° ed il 10° Reggimento fanteria "Regina" al Comando Truppe Regio Esercito delle Isole italiane dell'Egeo[1]. Il 1° marzo 1939 il Comando Truppe Regio Esercito delle Isole italiane dell'Egeo venne elevato al livello di Divisione Fanteria, con in organico il 9° e 10° Reggimento Fanteria "Regina" ed il 50° Reggimento Artiglieria divisionale. Nel 1940 alla divisione vennero assegnati anche la 201ª Legione Milizia Egea "Conte Verde" ed il CCCXII Battaglione carri.

La Divisione fungeva da guarnigione permanente per tutto il Dodecaneso italiano, con sede a Rodi e distaccamenti principali nelle isole di Lero, Coo, Scarpanto, Caso, Calino, Castelrosso, Stampalia, Patmo e Gaidaro. Il Reggimento Artiglieria si trovava a Rodi, con le postazioni principali dislocate sul monte Fileremo, e tra i compiti della Divisione vi era anche il presidio degli aeroporti di Gadurrà e Marizza.

La grande unità fu coinvolta marginalmente dagli eventi bellici della Seconda guerra mondiale. Il 20 novembre 1940 due Compagnie del I Battaglione del 10° Reggimento ripresero il controllo dell'isoletta di Gaidaro, occupata nei giorni precedenti da marinai greci, mentre nel marzo 1941 il IV Battaglione dello stesso Reggimento rioccupò Castelrosso, dove era sbarcato un reparto inglese.

Durante la Campagna di Grecia unità del 10° Reggimento, appoggiate da reparti tedeschi, occuparono le isole di Amorgo, Anafi, Io, Santorini, Nasso, Paro, Andro, Tino, Termia, Zea, Serfanto, Sira, Mikonos, Samo, Icaria ed altre isole minori. Alla fine dello stesso mese il I Battaglione del 9° Reggimento ed il II Battaglione de 10° Reggimento parteciparono all'Operazione "Merkur", costituendo l'ossatura del Gruppo tattico "Caffaro", insieme alla 50ª Compagnia Cannoni controcarro da 47/32 e la 3ª Compagnia Carri del CCCXII Battaglione Misto Carri.

La Divisione rimase proseguì l'attività di presidio territoriale e di difesa costiera delle isole del Dodecaneso fino ai tragici eventi del settembre 1943. Allo scoppio della Seconda guerra mondiale la Divisione presentava il seguente ordine di battaglia:

- Comando della Fanteria divisionale
- 9° Reggimento Fanteria "Regina"
- 10° Reggimento Fanteria "Regina"
- 201ª Legione Egea "Conte Verde"
- L Battaglione mortai
- 50° Reggimento Artiglieria "Regina"
- 91ª Compagnia Genio artieri
- 46ª Compagnia Genio telegrafisti e radiotelegrafisti
- 50ª Compagnia Chimica
- Servizi divisionali
- Truppe di Corpo d'Armata
    - Gruppo Carabinieri Regi "Egeo"
    - Settore di copertura "Dodecaneso"
    - CCXII Battaglione Misto Carri
    - 35° Raggruppamento Artiglieria da posizione costiera
    - LVI Gruppo autonomo Artiglieria controaerei
    - Gruppo autonomo Artiglieria da posizione costiera "Coo"
    - Gruppo autonomo Artiglieria da posizione costiera "Scarpanto"
    - Servizio di Corpo d'Armata

1 Il 9° "Regina" era di stanza nel Dodecaneso italiano fin dal 1924 ed il Comando del Reggimento coincideva con il Comando Truppe.

▲ Preparativi di partenza di idrovolanti dall'isola di Lero per missione di ricognizione nell'inverno 1942 (ACS).

▼ Carta intestata del Comando Forze Armate delle Isole Italiane dell'Egeo (EGEOMIL).

COMANDO FORZE ARMATE
DELLE ISOLE ITALIANE DELL'EGEO

IL COLONNELLO CAPO DI S. M.

▲ Un gruppo di Fanti della Divisione "Regina": la grande unità fu destinata a presidiare Rodi, con distaccamenti nelle isole minori.

▼ Un MAS in navigazione nelle acque antistanti l'isola di Rodi nell'inverno 1942. A Rodi ed a Leros erano presenti due importanti basi di MAS (ACS).

▲ Un gruppo di militari italiani in osservazione sopra le mura della città vecchia di Rodi, inverno del 1942 (ACS).

▼ Carri armati FIAT 3000 del CCXII Battaglione Carri Misto a Rodi: dai contrassegni tattici si individuano i carri numero 2 del 2° Plotone e 3 del 1° Plotone (collezione privata).

▲ Lettera inviata da un caporalmaggiore dei Carristi da Rodi: si nota sia l'indirizzo di Posta Militare, scritto a mano, sia il timbro del Battaglione, indicato come "CCCXII Battaglione Carri Armati" (collezione privata).

▼ Un'aliquota di carri armati leggeri L3 appena arrivati nel Dodecaneso: dovrebbe trattarsi dei mezzi della Compagnia del capitano Fabio Fabi (collezione privata).

▲ Foto di gruppo di Carristi del CCXII Battaglione intorno ad un carro leggero a Rodi (collezione privata).

▼ Anche sull'isola di Rodi i Carristi continuarono ad essere sottoposti costantemente ad esercizi fisici di vario genere: in questa foto il superamento di un muro, effettuato con la bandoliera, che veniva portata a bordo dei mezzi corazzati (collezione privata).

▲ Carristi del CCCXII: il militare a sinistra indossa l'uniforme regolamentare grigioverde, mentre quello a destra la tuta turchina monopezzo (collezione privata).

▲ Un carro FIAT 3000 della 1ª Compagnia viene trasportato a bordo di un carrello biga su una polverosa strada dell'isola di Rodi, nel corso di un'esercitazione congiunta con reparti di Fanteria (collezione privata).

▼ In una fotografia scattata nella stessa occasione della precedente, si vede che il carrello portacarri era trainato da un autocarro lancia RO; sulla torretta del carro armato si intravedono i contrassegni tattici (probabilmente carro numero 1 del 1° Plotone). All'estrema sinistra dell'immagine, tra la boscaglia, si individua la torretta di un secondo FIAT 3000, anch'esso probabilmente autotrasportato (collezione privata).

POSTA MILITARE
30.12.40-XIX
N. 550

N° 69

AL MINISTERO DELLA GUERRA

STATO MAGGIORE PER LA DIFESA DEL TERRITORIO
UFFICIO STORICO

R O M A

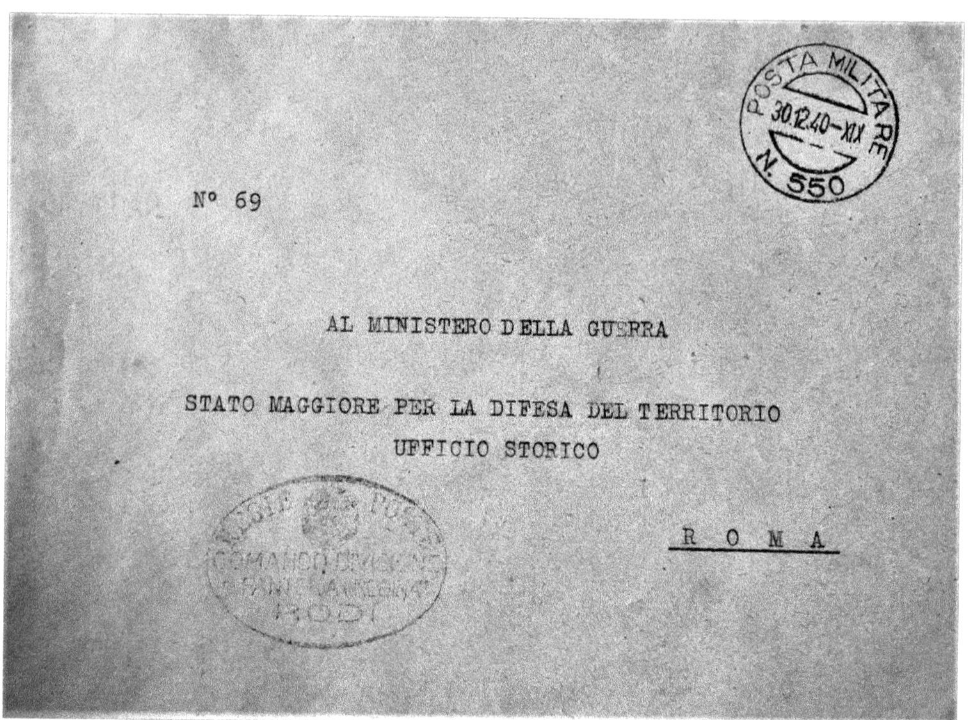

▲ Missiva inviata dal Comando della Divisione "Regina" al Ministero della Guerra: il timbro di Posta Militare riporta il numero di Posta Militare 550, comune a tutti i reparti dislocati in Egeo (collezione privata).

▼ Interessante documento del dicembre 1941 del Deposito Misto Truppe dell'Egeo di Barletta, da cui dipendeva il CCCXII Battaglione Carristi dell'Egeo (collezione privata).

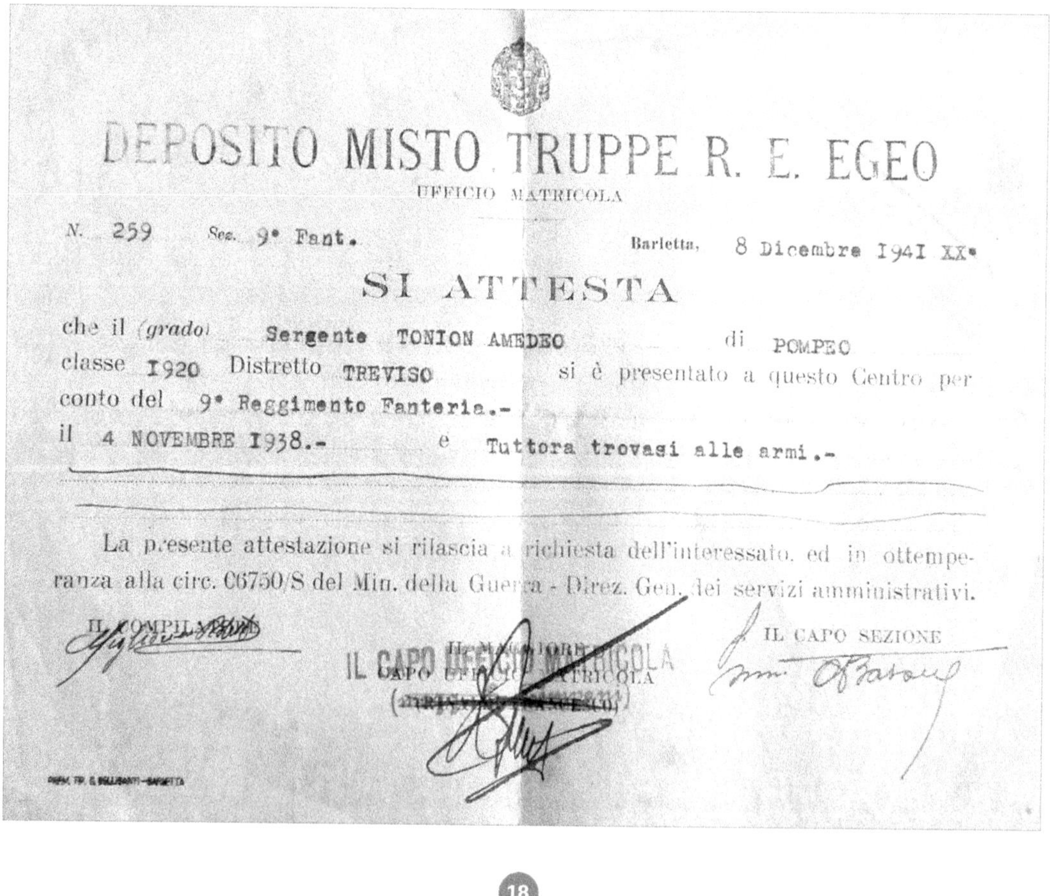

DEPOSITO MISTO TRUPPE R. E. EGEO
UFFICIO MATRICOLA

N. 259 Sez. 9° Fant. Barletta, 8 Dicembre 1941 XX°

SI ATTESTA

che il (grado) Sergente TONION AMEDEO di POMPEO
classe 1920 Distretto TREVISO si è presentato a questo Centro per
conto del 9° Reggimento Fanteria.-
il 4 NOVEMBRE 1938.- e Tuttora trovasi alle armi.-

La presente attestazione si rilascia a richiesta dell'interessato, ed in ottemperanza alla circ. C6750/S del Min. della Guerra - Direz. Gen. dei servizi amministrativi.

IL COMPILATORE

IL CAPO UFFICIO MATRICOLA

IL MAGGIORE
CAPO UFFICIO MATRICOLA

IL CAPO SEZIONE

▲ Carrista del CCCXII a bordo di un autocarro, probabilmente un Dovunque 35 (collezione privata).

▲ Nei giorni antecedenti la missione italiana a Creta, si tenne a Rodi un'esercitazione di sbarco, che coinvolgeva i reparti destinati all'operazione. Nella foto, carri leggeri del CCCXII Battaglione sbarcano dalla passerella montata sulla nave fluviale "Porto di Roma", unica adatta a trasportare mezzi a motore.

▼ Protetti da alcuni carri L3 del Battaglione Misto dell'Egeo, fanti della Divisione "Regina" prendono terra durante le prove di sbarco in vista dell'operazione su Creta: già in questa occasione la preparazione ed il naviglio apparivano del tutto inadatti ad un'operazione anfibia.

SULLE ORME DI VENEZIA

▲ Si sbarcano anche i motoveicoli dalla nave "Porto di Roma" durante l'esercitazione prima dell'attacco a Creta (Tallillo).

▲ Imbarco dei mezzi corazzati sulla "Porto di Roma" prima della partenza per Creta: il carro nella fotografia è il numero 4 del 3° Plotone della 3ª Compagnia (Benvenuti – Colonna).

▼ Militari italiani salgono a bordo di autocarri per essere trasportati alla zona d'imbarco per Creta; tra di essi alcuni carristi del CCCXII (ACS).

▲ Militari in pausa con un cagnolino-mascotte in servizio presso il campo di aviazione di Gadurrà (Rodi) nell'estate 1941 (Archivio storico dell'esercito)

▼ Militari italiani osservano il mare dalle mura della citta di Rodi, inverno 1942 (Archivio storico dell'esercito)

▲ Militari al porto di Rodi nell'estate 1941 (Ufficio storico dell'esercito)
▼ Militari italiani in esercitazione al porto di Rodi. Inverno 1942. (Ufficio storico dell'esercito)

CCCXIII BATTAGLIONE CARRI MISTO DELL'EGEO

I PRIMI REPARTI CORAZZATI IN EGEO

Come abbiamo visto, in questo angolo di Egeo, che potrebbe sembrare, di primo acchito, strategicamente di secondaria importanza, ma che in realtà è una porta verso il Medio Oriente, gli alti Comandi italiani mantennero sempre un discreto contingente militare. Il controllo delle isole era affidato alla 50ª Divisione di Fanteria "Regina", a reparti di volo e di terra della Regia Aeronautica e da contingenti della Regia Marina, concentrati nella base dell'isola di Lero. Con l'evoluzione abbastanza repentina della specialità carrista, seguita alla Grande Guerra, fu quasi giocoforza inviare mezzi blindati nel Dodecaneso, anche in considerazione dell'importanza che l'arcipelago poteva andare a rivestire nel contesto di un eventuale conflitto internazionale che avrebbe potuto interessare anche i Paesi del Mediterraneo orientale, allora colonie inglesi e francesi.

I primi blindati ad arrivare in Egeo furono molto probabilmente delle vetuste autoblindo Ansaldo lancia 1ZM dei Regi Carabinieri. Nel 1926 infatti l'Arma dei Carabinieri ricevette 34 Lancia 1ZM armate con mitragliatrici FIAT 14, che furono inquadrate in un Battaglione Autoblindo, presto disciolto; le autoblindate rimasero in carico, comunque, ai Carabinieri e 2 di esse furono inviate a Rodi, alle dipendenze del Gruppo Regi Carabinieri dell'Egeo.

Nell'isola nel 1936 fu costituita una Compagnia Mitraglieri Ciclisti dei Regi Carabinieri, che incorporò le 2 Lancia; questa Compagnia era organizzata su:

- Plotone Mitraglieri Ciclisti (con 3 motocarrozzette armate di mitragliatrice Saint Etienne e 2 motociclette armate con fucili mitragliatori)
- Plotone Ciclisti (con 50 Carabinieri ciclisti e 2 motociclisti)
- Sezione Lancia 1ZM (con le 2 autoblindo).

La Compagnia era stata fortemente voluta dal Governatore dell'arcipelago De Vecchi, ma la sua utilità operativa era indubbiamente scarsa. In una data non precisata era stato nel frattempo inviato a Rodi un Plotone composto da 4 autoblindo Lancia 1ZM con equipaggi del Regio Esercito.

La Compagnia Carri Speciale per l'Egeo

Con l'evolversi della situazione internazionale parve evidente che la presenza di sole autoblindo di vecchia costruzione non era più sufficiente a garantire un efficace supporto di mezzi corazzati alle truppe di presidio nell'arcipelago (le Lancia 1ZM risalivano alla Grande Guerra). Per questo motivo nella prima metà del 1939 fu costituita in seno al 3° Reggimento Fanteria Corazzata una "Compagnia Carri Speciale per l'Egeo", con una dotazione di 12 carri L3 delle diverse versioni. La Compagnia, al comando dal capitano Fabio Fabi, fu quasi subito trasferita alle dipendenze del 4° Reggimento Fanteria Carrista (20 maggio 1939), per passare successivamente in via definitiva al Deposito Misto Truppe dell'Egeo[2].

A Rodi, La Compagnia fu così incorporata nel CCCXII Battaglione Misto Carri dell'Egeo, formato anche dagli scarsi reparti corazzati già presenti sull'isola, cioè il Plotone di 4 autoblindo dell'Esercito e la Sezione Lancia dei Regi Carabinieri; la Compagnia Carri Speciale per l'Egeo diventò con ogni probabilità la 3ª Compagnia del CCCXII Battaglione.

2 Il Deposito Misto Regio Esercito Egeo si trovava a Barletta, presso la caserma di via Andria, ed era stato costituito appositamente per fornire uomini, equipaggiamenti ed armamenti alle truppe del Regio Esercito del Dodecaneso. Da esso, quindi, dipendevano tutti i reparti mobilitati in Egeo, tra cui il CCCXII Battaglione Misto Carri e le unità destinate ad esso, come, appunto, la Compagnia Carri Speciale per l'Egeo.

La 3ª Compagnia Carrista di Frontiera

Nel marzo 1940 a Caserta era stata costituita la 3ª Compagnia Carrista di Frontiera[3], al comando del tenente Pasquale Mele e dipendente dalla G.a.F., Guardia alla Frontiera, con 2 Plotoni di carri armati FIAT 3000B ed un Plotone misto di M21 ed M30. La Compagnia fu destinata alle isole italiane dell'Egeo e, al momento del suo trasferimento nel Dodecaneso (in una data che non si è riusciti ad identificare del 1940, probabilmente nella tarda primavera), questo reparto avrebbe dovuto rappresentare la massa di manovra dei reparti carristi dell'arcipelago.

La Compagnia aveva questo organico di guerra, stabilito con ordinamento del 6 febbraio 1940:

- Plotone Comando (con un carro comando armato di cannone da 37/40)
  - Squadra maggiorità
  - Squadra riparazioni e recupero
- 1° Plotone (carri L5 modello 30)
- 2° Plotone (carri L5 modello 30)
- 3° Plotone misto (carri L5 modello 21 e modello 30)

Il Plotone Comando aveva un organico di 4 ufficiali, 3 sottufficiali e 25 carristi e disponeva di un'autovettura, due moto ed un rimorchio. Altri automezzi eventualmente necessari all'operatività del plotone, cioè 5 autocarri leggeri o due pesanti, uno dei quali con rimorchio, venivano messi a disposizione di volta in volta dal 50° Autoreparto Misto Egeo, su ordine del Comando elle Forze Armate dell'isola di Rodi.

Nel luglio del 1942 il sottotenente Giovanni Furetti subentrò al tenente Pasquale Mele alla guida della Compagnia Carri L5.

LA FORMAZIONE DEL CCXXII BATTAGLIONE CARRI MISTO

Il CCCXII Battaglione Carri Misto traeva le sue origini direttamente dal II Battaglione Carri di Rottura del 2° Reggimento Carri Armati. Nel 1938 il Battaglione mutò il suo nome in CCCXII Battaglione Carri L "Suarez", assorbito dal 31° Reggimento Fanteria Carrista.

Il 20 maggio 1939 il Battaglione passò alle dipendenze dal 4° Reggimento Fanteria Carrista di Roma, per passare successivamente in via definitiva al carico di mobilitazione del Deposito Misto Truppe Egeo il 30 marzo 1940. Il Battaglione risulta inviato a Rodi lo stesso 30 marzo 1940, probabilmente dotato di soli carri L, non più di una decina) e fu dislocato a Psito, nel centro dell'isola (inizialmente con indirizzo di Posta Militare n° 505R, cioè Rodi, variato in un secondo momento in 505E, per Egeo, nel timore che potesse essere facilmente individuato dallo spionaggio britannico), alle dipendenze della Divisione di Fanteria "Regina".

3 La Guardia alla Frontiera ebbe nel proprio organico anche 5 Compagnie di carri armati, formate tra il dicembre 1939 e gli inizi del 1940, tutte equipaggiate con i vetusti Fiat 3000 Modello 21 e 30. L'obiettivo che si desiderava perseguire con la costituzione di queste unità era appunto di strutturare dei reparti che potessero utilizzare i carri armati FIAT 3000 ancora efficienti, assegnandoli a Corpi d'Armata stanziali (ed è per questo motivo che una di queste Compagnie fu destinata al Dodecaneso, teatro ritenuto assolutamente statico e destinato solo ad essere difeso). Al momento dell'entrata in guerra la 2ª, la 4ª e la 5ª Compagnia erano dislocate a ridosso del confine francese: il materiale era già dall'inizio obsoleto e questo non ne consentì un proficuo impiego durante la Compagna di Francia. La fine del conflitto con la Jugoslavia portò allo scioglimento di queste tre Compagnie e l'accantonamento dei carri armati nei Depositi delle unità carriste d'origine, carri che vennero poi riutilizzati nella difesa aeroportuale della Sicilia, venendo distrutti durante lo sbarco alleato nel luglio - agosto 1943. La 1ª Compagnia fu dislocata in Albana e, dopo la fine delle ostilità con la Grecia, passò alle dipendenze del Comando truppe del Montenegro e venne duramente impiegata per contrastare le azioni di guerriglia dei partigiani, mentre la 3ª fu destinata, come abbiamo visto all'Egeo. I carri Fiat 3000 con il passare del tempo, sia per l'anzianità, sia per la mancanza di pezzi di ricambio, finirono in buona parte abbandonati nei magazzini dei Settori della G.a.F. di appartenenza o interrati per utilizzarli come piccole opere difensive.

A settembre, con il completamento del trasferimento in Egeo della Compagnia del capitano Fabi[4], il CCXXII Battaglione Carri Misto (suo nome definitivo), al comando del tenente colonnello Amedeo d'Agello, assunse questa forma organica:

- Compagnia Comando
    - Plotone Esplorante Autoblindo (con 6 Lancia 1ZM ed una motocicletta)
- 1ª Compagnia Carri L5 (con 10/12 FIAT 3000) al comando del tenente Pasquale Mele
- 2ª Compagnia Carri L3 (con 8 carri L3)
- 3ª Compagnia Carri L3 (con 8 carri L3) al comando del capitano Fabio Fabi[5]

La 1ª Compagnia Carri L5, che altro non era che la 3ª Compagnia Carristi di Frontiera, era inizialmente denominata Compagnia Carri M, in quanto i carri FIAT3000 furono considerati carri medi, sino all'entrata in linea dei carri armati M11/39.

Secondo alcune fonti dal Battaglione dipendevano anche 2 Plotoni autonomi di carri L3, il primo con 4 ed il secondo con 3 carri, dislocati nelle isole minore dell'arcipelago. Nel corso della Seconda guerra mondiale, il personale Carrista destinato al Battaglione, pur transitando dal Deposito Misto Egeo di Barletta, proveniva in maniera esclusiva dal 4° Reggimento Carristi di Roma. Molti Carristi, anche dopo il loro arrivo a Rodi, continuarono a portare nel tondino del fregio dei copricapi il numero 4, indicante il Reggimento di provenienza.

Dopo l'entrata in guerra dell'Italia, i mezzi corazzati presenti nel Dodecaneso non furono mai coinvolti in nessuna azione bellica, ma, d'altra parte l'intero, arcipelago fu toccato solo marginalmente dagli eventi bellici. L'unica operazione militare a cui furono chiamati a partecipare fu l'occupazione dell'isola di Creta (operazione "Merkur"), progettata e messa in atto dai comandi tedeschi senza che gli italiani ne fossero informati. La decisione di invadere l'isola, infatti, era stata presa da Hitler già nel mese di aprile del 1941, senza coinvolgere gli alleati.

OPERAZIONE "MERKUR"

La decisione di occupare Creta, a conclusione della Campagna di Grecia (alquanto disastrosa per l'Italia), fu presa in maniera esclusiva dai Comandi Germanici, senza consultare gli omologhi italiani, e lo stesso Hitler ordinò personalmente di procedere con l'attacco il 25 aprile 1941[6]. Il piano di attacco si basava esclusivamente su un'operazione aerea e prevedeva di occupare i tre aeroporti dell'isola da parte della 7.Fliegerdivision, in modo da fare successivamente affluire reparti di terra aviotrasportati, con un limitato supporto di rifornimenti via mare[7].

---

4 Alcune pubblicazioni indicano erroneamente il capitano Fabio Fabi quale comandante dell'intero Battaglione; in realtà il Battaglione fu comandato inizialmente dal tenente colonnello Amedeo d'Ajello, a cui subentrò nel 1942 il tenente colonnello Iunio Masini. Fabi comandò la 3ª Compagnia sino alla fine del conflitto.

5 A titolo di completezza d'informazione, riportiamo anche questa struttura organica indicata da alcune pubblicazioni:

- Comando
- 1ª Compagnia Carri L5
- 2ª Compagnia Carri L5
- 3ª Compagnia Carri L3

Pare però molto improbabile che siano state tratte ben due Compagnie Carri equipaggiate con FIAT 3000 dall'esigua dotazione della 3ª Compagnia Carristi di Frontiera.

Un altro organigramma trovato on line indica questa struttura:

- 1ª Compagnia carri CV33
- 2ª Compagnia carri L5/30.

6 Il possesso di Creta, oltre a concludere la Campagna di Grecia, come abbiamo visto nel testo, metteva al riparo i pozzi petroliferi di Ploesti in Romania, vitali per il sostegno delle forze armate germaniche, soprattutto in vista dell'invasione della Russia. Infatti, si correva il rischio che bombardieri alleati in partenza da Creta avrebbero potuto compiere missioni sui pozzi di estrazione rumeni, mettendo in crisi le forniture per i tedeschi.

7 L'occupazione effettuata per via aerea era una scelta molto rischiosa, ma obbligata. La presenza massiccia della Royal Navy, infatti, rendeva quasi impossibile lanciare un attacco anfibio all'isola.

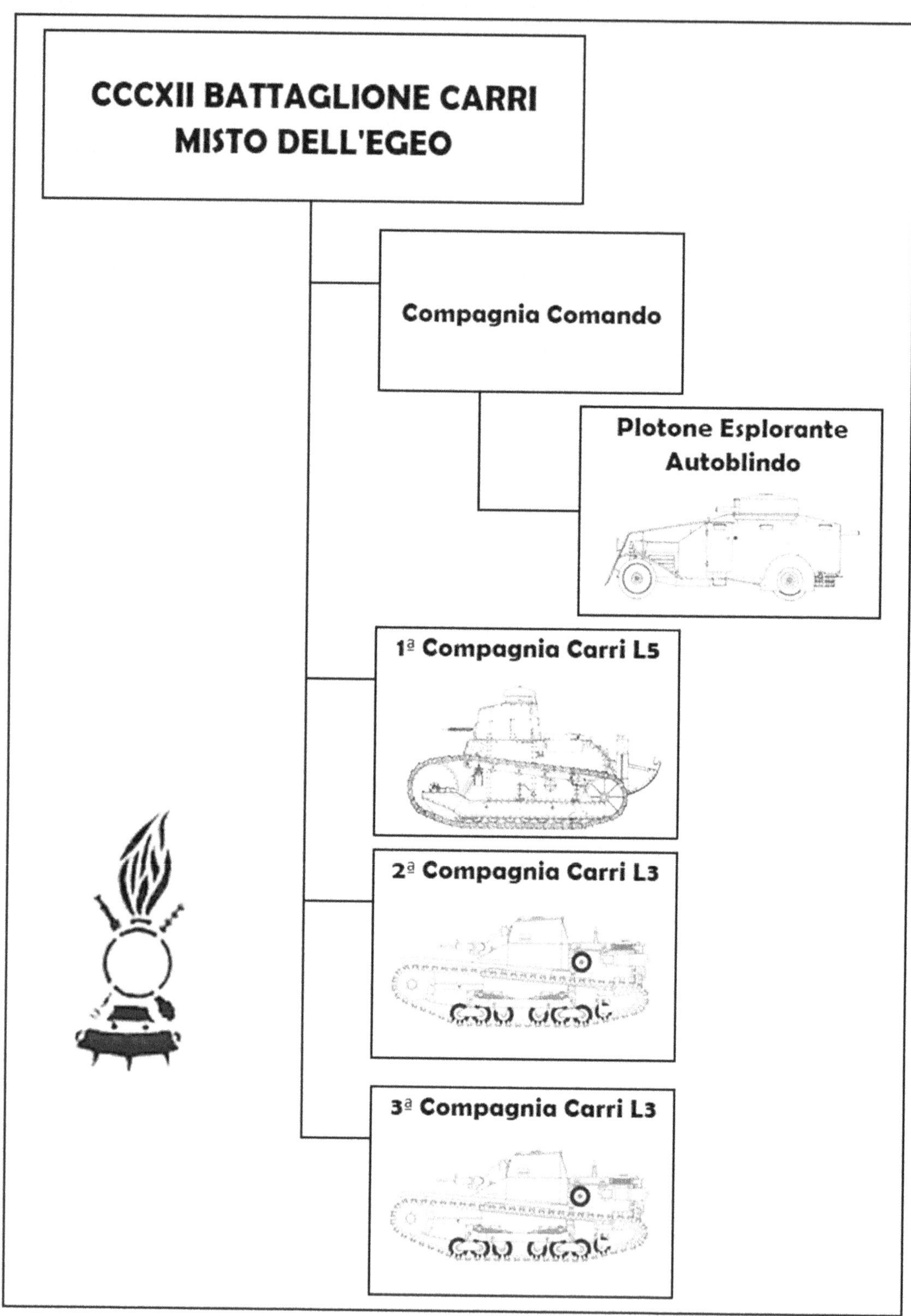

▲ Organigramma di un battaglione carri leggeri nel Dodecanneso (Schema dell'autore)

Ai comandi italiani nell'Egeo, lasciati all'oscuro di tutto, fu richiesto solamente di concentrare le proprie siluranti nel porto del Pireo, senza fornire ulteriori spiegazioni. L'attacco tedesco fu scagliato il 20 maggio 1941 e l'inizio non fu dei più favorevoli per i reparti tedeschi. Il lancio dei paracadutisti tedeschi, che impiegarono anche 63 alianti, fu suddiviso in due scaglioni per mancanza di aeromobili e l'attacco prese una brutta piega per i Fallschirmjäger sin da subito; solo a Maleme, nella parte occidentale dell'isola, i paracadutisti riuscirono a creare una piccola testa di ponte nell'aeroporto, che fu sfruttata il giorno successivo per fare sbarcare la 5ª Divisione da Montagna, con un'operazione che provocò comunque numerosi morti tra le fila germaniche. Da questo momento però i tedeschi iniziarono a guadagnare terreno ed a sopraffare le truppe britanniche e greche, di stanza nell'isola.

Venuti a conoscenza dell'attacco tedesco, i Comandi italiani chiesero immediatamente di potervi prendere parte e lo stesso Mussolini diede ordine di organizzare rapidamente una piccola forza d'invasione italiana. Le proposte italiane furono però, di fatto rifiutate dai Tedeschi. Nella stessa giornata del 21 maggio però, due convogli tedeschi, carichi di rifornimenti, vennero intercettati dalla marina britannica e dovettero rientrare ad Atene, dopo aver subito pesanti perdite. Fu giocoforza dunque, per i comandi germanici, accettare un intervento italiano nell'operazione, per alleviare la pressione che si era creata sui reparti tedeschi. Nel corso di una riunione tenutasi il 22 maggi ad Atene presso il Comando della 4.Luftflotte fu così chiesto ufficialmente al capitano di vascello Corso Pecori Giraldi (comandante di MARISUDEST) di dare luogo ad uno sbarco nella parte orientale dell'isola da attuarsi con truppe e mezzi prelevati dal Dodecaneso. Dopo una serie di scambi di contrastanti punti di vista tra i Comandi italiani, la sera del 23 maggio il Governatore Ettore Bastico ricevette ordine dal generale Cavallero di procedere con la pianificazione della spedizione, che avrebbe dovuto impiegare due battaglioni di fanteria rinforzati e servizi a supporto, per un totale di circa 2.500 uomini. Il 25 maggio Bastico comunicò al Comando Supremo che il corpo di spedizione italiano sarebbe partito da Rodi alle 18 del 27, per sbarcare nel pomeriggio del 28 nella baia di Sitia, la più orientale della costa settentrionale di Creta, con l'obiettivo di avanzare verso sudovest per occupare Jerapetra, come richiesto dai tedeschi. Lo stesso giorno fu condotta un'esercitazione di sbarco a Rodi, dagli esiti alquanto deludenti e, nonostante fosse chiaro che sarebbe stato necessario addestrare ulteriormente le truppe impegnate nello sbarco a Rodi, si decise di procedere comunque con il piano. Vista la pericolosità della traversata, che, benché di breve durata poteva essere minacciata dalle navi inglesi che battevano le acque cretesi, si prese l'inconsueta decisione di sbarcare nel primo pomeriggio[8], in modo che il convoglio si trovasse nel Canale di Caso in un orario in cui la ricognizione aerea avrebbe potuto garantire il "via libera".

Il comando della spedizione marittima fu affidato al capitano di vascello Aldo Cocchia, che si trovò a guidare questa raccogliticcia ed eterogenea flottiglia, riunita in tutta fretta utilizzando quanto fu possibile trovare a Rodi:

- 2 piccoli piroscafi costieri: "Giorgio Orsini"[9] e "Tarquinia"
- 1 vaporetto lagunare: "Giampaolo"
- 2 rimorchiatori: "Aguglia" ed "Impero"
- 1 nave fluviale: "Porto di Roma" (trasformato in nave da sbarco carri armati),
- 2 motonavi frigorifere da pesca: "Assab" ed "Addis Abeba"
- 4 motopescherecci: "Sant'Antonio", "San Giorgio", "Plutone" e "Navigatore"
- 1 nave cisterna: "Nera"
- 2 cisternini portuali: CG 89 e CG 167

La maggior parte del naviglio era inadatta al trasporto e, soprattutto, allo sbarco di truppe; i motopescherecci erano stati attrezzati a prua con delle passerelle da sbarco, del tutto inutili perché il pe-

8 Per sfruttare il favore delle tenebre, le operazione anfibie vengono generalmente condotte all'alba.

9 Fu scelto come sede del Comando in mare.

scaggio troppo elevato delle imbarcazioni non permetteva di avvicinarsi sufficientemente alla costa, tanto da riuscire a calare i pontili. Le truppe viaggiarono in condizioni difficili, costrette a rimanere in coperta, su navi prive di cucine e di servizi igienici[10]. Solo la "Porto di Roma", una nave fluviale, spostata in Egeo con la funzione di dragamine, era l'unica imbarcazione adeguata per pescaggio e capacità di carico adatta ad un'operazione anfibia, dato che riusciva ad arrivare sino alla battigia e, grazie ad un robusto ponte in legno mobile montato a prua, poteva sbarcare materiale pesante. Per questo motivo la Compagnia Carri L3, forte di 13 carri armati, fu imbarcata proprio su questa nave.

La scorta al convoglio era composta da:

- 1 cacciatorpediniere: "Crispi"
- 3 torpediniere: "Libra", Lince" e "Lira"
- 6 MAS

Il Corpo di Spedizione italiano, comandato dal colonnello di Fanteria Ettore Caffaro, era composto da circa 2.500 uomini delle seguenti unità:

- I Battaglione di Fanteria del 9° Reggimento Fanteria della Divisione "Regina"
- II Battaglione di Fanteria del 10° Reggimento Fanteria della Divisione "Regina"
- 50ª Compagnia cannoni controcarro da 47/32
- 3ª Compagnia Carri L3/35 del CCCXII Battaglione Misto Carri, comandata dal capitano Fabio Fabi
- 2 Compagnie di Marinai
- reparti di Camicie Nere
- reparti dei Regi Carabinieri

L'armamento pesante era costituito da 46 mitragliatrici FIAT, 6 mortai da 81 mm, 18 mortai da 45 mm, 6 cannoni da 65/17, 6 cannoni da 47/32, i 13 carri armati L3. La dotazione di mezzi a motore, vista la natura dell'isola e lo stato della rete stradale, era assai limitata (3 autovetture, 1 autocarro leggero e 9 motociclette), ma per garantire il trasporto degli *impedimenta* erano presenti ben 205 muli. Il luogo dello sbarco era stato scelto il 26 maggio, durante una ricognizione aerea effettuata dal capitano di vascello Cocchia.

L'imbarco del corpo di spedizione iniziò alle 11 del 27 maggio e si protrasse fino alle 17, quando iniziarono a salpare le prime imbarcazioni. Nelle prime ore del giorno successivo il convoglio incontrò le unità di scorta. La navigazione proseguì, sebbene ad una velocità veramente ridotta, quasi tranquilla, a parte il vento di maestrale ed una deviazione per rendere la rotta più diretta, a causa di un allarme relativo alla segnalazione di una formazione britannica in avvicinamento. Intorno alle 16 il convoglio raggiunse Capo Sidero, luogo destinato allo sbarco; il "Crispi" iniziò a bombardare il faro ed alle 17 iniziò lo sbarco nella rada di Sitia, dopo che il "Gaimpaolo" era attraccato ad un piccolo pontiletto, mentre l'"Orsini", l'"Aguglia" ed il "Porto di Roma" si erano incagliatati sulla spiaggia. Questi i primi moneti dello sbarco nelle parole del capitano di vascello Cocchia: "*In un paio di minuti i carri armati scivolano giù dal "Porto di Roma", attraverso l'apposito ponte, ed occupano i caposaldi della posizione. I marinai delle compagnie da sbarco prendono terra, si attestano, stendono pontiletti volanti, organizzano i traghetti, mettono in moto le imbarcazioni. Le singole operazioni si susseguono rapide e febbrili, ma precise, tanto che alle 17,20 tutti i tremila uomini del Corpo di Spedizione sono a Sitia*[11]".

10 Giova precisare che la decisione di impiegare questi mezzi era stata presa in considerazione che navi di grande tonnellaggio, oltre ad essere più vulnerabili, avrebbero dovuto fermarsi al largo della costa e trasbordare truppe e materiali sulle imbarcazioni per effettuare lo sbarco. Le unità prescelte si concentrarono a Rodi in quarantott'ore e ad ognuna di esse fu assegnato un ufficiale di Marina come comandante militare.

11 Aldo Cocchia, "Aspetti Navali dello sbarco a Creta", opera citata in bibliografia.

Nell'abitato di Sitia, sgomberato dai civili, i reparti italiani incontrarono la resistenza di circa 200 militari greci, che furono presto sopraffatti, mentre i plotoni di carri L3 del CCCXII venivano inviati in avanscoperta verso ovest ed il grosso del Corpo di Spedizione veniva raggruppato a nord-ovest del paese. Le operazioni di scarico si protrassero per tutta la notte e la marcia fu ripresa il giorno successivo intorno a mezzogiorno, con direzione Jerapetra. Le avanguardie incontrarono alcuni focolai di resistenza ed a sera carri armati della 3ª Compagnia avevano raggiunto Exo Mouliana.

Il 30 maggio il Corpo di Spedizione si rimise in marcia, diretto verso l'obiettivo prefissato, il bivio sulla rotabile per Jerapetra, in modo da completare la missione entro la giornata. Caffaro aveva dato ordine di proseguire, se necessario, anche con il buio, sino al raggiungimento dell'obiettivo. I carri del CCCXII occuparono il bivio intorno alle 19.00, dopo avere sostenuto uno scontro contro la debole resistenza opposta da reparti greci. Il maggiore Ruta, che comandava l'avanguardia, inviò una staffetta motociclista al grosso della truppa ancora in marcia, che comunicò che i carri armati italiani avevano preso contatto con il 55° Battaglione Fucilieri tedesco. Il 31 maggio il grosso del Corpo di Spedizione raggiunse Jerapetra, mettendosi a disposizione del generale Ringel, comandante della 5.Gebirgsdivision che stava completando il controllo della parte occidentale dell'isola di Creta.

Al termine degli scontri la 3ª Compagnia Carri (o almeno parte di essa) che aveva partecipato allo sbarco, rimase a presidio dell'isola di Creta. Ci sono alcune incertezze sull'aliquota rimasta a Creta. Non vi è infatti certezza sul numero di carri lasciati a Creta, ma si può ipotizzare che fossero probabilmente almeno 6, in virtù del fatto che questo numero di carri era presente sull'isola al momento dell'Armistizio del 1943, né si è potuto appurare se il capitano Fabi rimase a Creta al comando della Compagnia o se rientrò a Rodi[12].

Il Corpo di Spedizione fu fatto rientrare quasi completamente a Rodi e sostituito temporaneamente da una Compagnia da sbarco della Regia Marina. Alla fine di settembre del 1941 iniziò il trasferimento della 51ª Divisione di Fanteria "Siena" dalla Grecia a Creta, dove svolse compiti di presidio e controlla della parte orientale dell'isola, zona assegnata all'Italia. La 3ª Compagnia Carri fu di conseguenza assegnata alla Divisione ed assunse in un secondo momento la denominazione di 51ª Compagnia Carri L.

Il capitano Fabio Fabi, che aveva comandato proficuamente la Compagnia Carri durante l'operazione "Merkur", fu insignito di Croce di Guerra al Valor Militare con la seguente motivazione:

"*Comandante di una compagnia carri armati L in un complesso ciclo operativo conduceva il proprio reparto con perizia e decisa volontà. In numerose ardite puntate raggiungeva gli obbiettivi indicatigli eliminandone le successive resistenze avversarie. Isola di Creta, 28 maggio - 4 giugno 1941*".

Da un punto di vista generale, per i tedeschi la conquista di Creta ebbe un ingente costo in termini di perdite (circa il 50% dei paracadutisti morì o fu ferito), mentre il Corpo di Spedizione italiano raggiunse un discreto successo, considerata la tremenda improvvisazione con cui fu condotta la spedizione, anche se è necessario sottolineare come, al momento dell'arrivo degli italiani, l'isola fosse ormai stata occupata quasi per il 90%. Gli italiani poi, dato che il contingente britannico era ormai stato sgominato (catturato o fuggito via mare), dovettero sostenere degli scontri veramente limitati con sole unità greche, riportando perdite insignificanti.

L'ARMISTIZIO E LA PRIGIONIA

Dopo l'occupazione di Creta, la vita per il contingente militare italiano nell'Egeo (ed anche per il Battaglione Misto Carri) tornò ad essere tranquilla e caratterizzata solamente dalle tipiche attività di presidio. Nel 1942 il comando del CCXII Battaglione fu affidato al tenente colonnello Iunio Masini

12 In realtà non è nemmeno chiarito da nessun documento se i carri armati della 3ª Compagnia rimasero a Creta alla fine dell'Operazione "Merkur" o se furono fatti affluire in un secondo tempo, con l'arrivo sull'isola della Divisione "Siena" nel mese di settembre.

e nel luglio dello stesso anno il sottotenente Giovanni Furetti subentrò al tenente Mele alla guida della Compagnia Carri L5. Con il passare del tempo molti dei carri del Battaglione, specie quelli più vetusti come i FIAT 3000, divennero inutilizzabili a causa di guasti non riparabili per la mancanza di pezzi di ricambio, riducendo così gradualmente la capacità operativa del reparto. La mobilità sulle isole fu comunque sempre difficoltosa: il già scarso carburante veniva molto di frequente venduto illegalmente da alcuni ufficiali italiani ai civili greci.

L'organizzazione del CCCXII fu di conseguenza mutata e, per ovviare alla carenza di mezzi corazzati, fu costituita una Compagnia Celere Mista con gli equipaggi rimasti privi di carri, al comando del capitano Pasquale Candida.

Dall'Italia continuarono comunque ad arrivare rincalzi di personale, sia ufficiali, che sottufficiali e uomini truppa, dal 4° Reggimento Carristi, transitando dal Deposito Misto Truppe Egeo di Barletta, praticamente fino all'Armistizio.

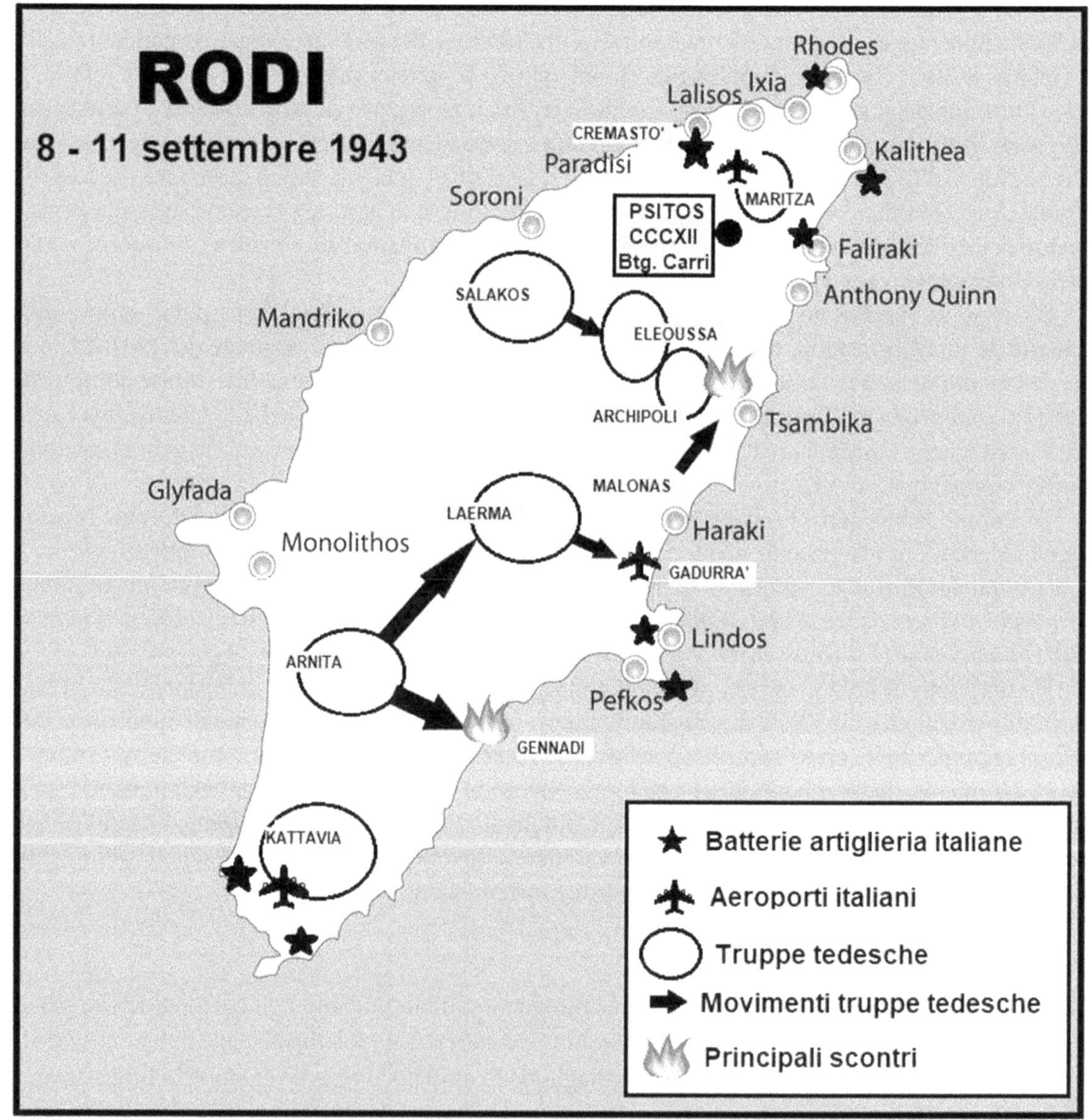

▲ Cartina sintetica degli scontri sostenuti a Rodi tra l'8 e l'11 settembre 1943, ricavata dall'originale conservata nel Diario Storico Militare della Divisione "Regina".

L'ultimo avvicendamento del reparto si ebbe a metà del mese di giugno del 1943, quando dall'Italia giunse il Plotone Bersaglieri Autoblindato dell'Egeo. Questa unità era stata costituita il 1° settembre 1942 per essere assegnata, con una dotazione teorica di 4 autoblindo AB41, alla futura Divisone Corazzata "Giovani Fascisti"; dirottato a Rodi il 13 giugno 1943, il Plotone ricevette invece in consegna le vecchie Lancia 1ZM, delle quali, con ogni probabilità, ne rimanevano in perfetta efficienza operativa solamente 2. L'Armistizio giunse inaspettato anche nel Dodecaneso e le truppe là dislocate, ricevuti ordini contraddittori, reagirono in maniera differente.

La sera dell'8 settembre 1943 risultavano presenti a Rodi circa 37.500 militari italiani, secondo dati dello Stato Maggiore italiano; le forze armate tedesche assommavano a circa 7.500 uomini: alcuni mesi prima Hitler aveva ordinato la formazione della Sturmdivision "Rhodos" (dotata anche di efficienti reparti corazzati con 25 Panzer IV, 15 semoventi Stug e circa 150 mezzi blindati di vario genere, contro i quali le scarse forze corazzate italiane del CCCXII Battaglione avrebbero potuto fare ben poco)[13] con l'obiettivo di mantenere l'importante posizione nel Mediterraneo orientale anche nel caso di uno sbarco alleato in Italia e della conseguente capitolazione della monarchia sabauda.

Anche le truppe dell'Egeo furono colte impreparate dall'annuncio dell'Armistizio: il promemoria del Comando Supremo per le Forze in Egeo per il comando in loco (EGEOMIL), che avrebbe dovuto essere trasmesso all'isola per via aerea, non era ancora stato consegnato. Il messaggero, che avrebbe dovuto recarlo via aerea a Rodi, il 9 settembre era ancora bloccato a Pescara per il maltempo.

La mancanza di informazioni e gli scarsi ordini ricevuti costrinsero il governatore del Dodecaneso Inigo Campioni a scelte difficili. Mentre la Wehrmacht gli chiese di collaborare, sperando in aiuti britannici che in realtà mai arrivarono, l'ammiraglio Campioni decise di resistere ai tedeschi. I tedeschi presero nel frattempo il controllo dei nodi stradali e mossero sui due aeroporti, occupandoli. Campioni tentò allora di negoziare il generale Ulrich Kleemann, comandante delle forze tedesche a Rodi, ordinando contemporaneamente alle truppe italiane di "resistere senza sparare", ma, frustrati dalla situazione, alcuni reparti iniziarono a combattere, costringendo alla resa i tedeschi.

Le Compagnie del CCCXII Battaglione Carristi erano dislocate in quello che era identificato come "Settore Piazza di Rodi", nei dintorni della principale città dell'isola, in posizione di difesa statica, prive di ordini di movimento specifici in caso di attacco, mentre a Psito era stata trattenuta una aliquota di carri, con funzione di riserva mobile, da impiegare eventualmente per rispondere ad eventuali infiltrazioni nella zona di Villanova, riserva composta da un Plotone di 4 carri L3.

Il CCCXII non prese parte però a scontri contro i Tedeschi, ma consegnò le armi. Il 9 settembre gli equipaggi delle autoblindo Lancia incendiarono i proprio mezzi lungo la strada per Rodi, per tema che cadessero in mano tedesca.

Nonostante la superiorità numerica degli italiani (circa 40 mila militari italiani contro solo 7 mila tedeschi) e nonostante la maggioranza dei soldati fosse pronta a combattere, l'11 settembre il governatore ordinò la resa, mentre alcuni reparti italiani ancora sparavano. Nel corso degli scontri del 10 e 11 settembre le perdite italiane ammontarono a 152 caduti e 214 feriti.

Il CXIII Battaglione Carristi dell'Egeo fu sciolto l'11 settembre, dopo la resa di tutte le unità italiane al Comando Piazza tedesco di Rodi.

---

13 La SturmBrigade "Rhodos", conosciuta anche come Sturm-Division "Rhodos" fu costituita nel maggio 1943, dopo il crollo dell'Heeresgruppe "Afrika" in Nord-Africa. Composta da 7.500 uomini al comando del Generalleutnant Ulrich Kleemann, era di stanza nell'isola di Rodi ed aveva incorporato gli elementi della 22.Infanterie-Division già presenti sull'isola ed unità minori di stanza nelle isole egee (un Battaglione di circa 1.000 uomini si trovava nell'isola di Scarpanto). L'efficienza della Divisione non era comunque altissima, perché una parte dei soldati che la componevano erano ex prigionieri politici o detenuti comuni, ai quali era stata offerta una possibilità di riscatto con l'arruolamento. Dopo la resa di Castelrosso, Kleemann attaccò il 9 settembre la guarnigione italiana, costringendola alla resa l'11 settembre. Il 17 ottobre 1944 la Divisione fu formalmente sciolta e gran parte di essa fu incorporata nella Panzergrenadier-Division "Brandenburg". Rodi e le isole del Dodecaneso passarono così sotto il controllo del "Kommandant Ost-Ägäis", formato dagli elementi della Sturm-Division e delle altre unità dell'esercito rimaste sull'isola.

Furiosi combattimenti si ebbero invece tra italiani e tedeschi sull'isola di Coo e soprattutto a Leros, che, benché rinforzate da truppe inglesi, dovettero arrendersi alle forze armate germaniche (Coo il 4 ottobre, Lero resistette sino al 16 novembre). In Patria, il Deposito Misto Regio Esercito Egeo non ebbe miglior sorte. La città di Barletta fu occupata delle truppe tedesche nella notte tra l'8 e il 9 settembre; il Deposito fu inizialmente "risparmiato", ma nei giorni successivi, seguendo un piano prestabilito e ben congegnato, il Deposito fu aggredito da unità germaniche e depredato di tutti i beni i tutti i beni (derrate alimentari, vestiario, munizioni) stoccati all'interno.

Campioni fu internato dai tedeschi nei campi di Schokken e di Thorn in Posnania, poi consegnato alle autorità della Repubblica Sociale, che lo condannarono a morte per tradimento e lo fucilarono a Parma il 24 maggio, insieme all'ammiraglio Mascherpa, difensore dell'isola di Lero[14].

Le truppe rimaste sull'isola di Rodi furono disarmate e fatte prigioniere. Una parte di essi scelse nei giorni successivi la collaborazione con le forze armate tedesche, venendo incorporata nella Whermacht o aderendo alla R.S.I. (circa 3.000 uomini).

La maggior parte dei militari italiani però rifiutò di sostenere la causa tedesca e fu di conseguenza internata: si trattava di circa 32.000 prigionieri a Rodi, 3.000 a Coo e 7.600 a Lero. Dall'11 settembre al 31 dicembre riuscirono a fuggire circa 1.200 soldati italiani nei modi più disparati; molti di essi, tra cui alcuni Carristi del CCCXII, tentarono la fuga verso la Turchia, sia a nuoto, sia tenendosi a galla, e moltissimi furono uccisi dai tedeschi, ma alcuni riuscirono nell'impresa, salvandosi miracolosamente. Gli internati militari italiani, che erano invece catturati durante la fuga, venivano avviati al campo di transito di Calato e poi trasferiti come "prigionieri di guerra" in Grecia. Alcuni militari italiani, sfuggiti alla cattura, riuscirono a dare vita ad isolati episodi di resistenza, che non produssero però risultati apprezzabili.

Parte degli internati militari a Rodi (almeno 5.000 entro la fine di settembre del 1943) furono impiegati per lavori manuali pesanti, come il riattamento di strade o la costruzione di opere difensive o, addirittura, lavori forestali, ed inquadrati in Battaglioni Lavoratori (Bau Battalionen).

La maggior parte dei Carristi fu fatta prigioniera ed internata in lager, che si trovavano in diverse località dell'isola (complessivamente nell'intero arcipelago furono imprigionati 42.000 soldati italiani). I tedeschi organizzarono 8 campi di prigionia principali per i militari italiani a Rodi:

- Campo numero 1 = Rodi
- Campo numero 2 = Asguro
- Campo numero 3 = Afando
- Campo numero 4 = Damatrià
- Campo numero 5 = Campochiaro
- Campo numero 6 = Calato
- Campo numero 7 = Vati
- Campo numero 8 = Apollacchia

Da ciascun campo dipendevano dei campi sussidiari, spesso dislocati in località funzionali all'impiego degli internati in attività di lavoro coatto.

Vista la difficoltà a provvedere alle necessità di un così gran numero di prigionieri di guerra, una parte di essi fu evacuata in nave, ma molti di essi persero la vita a causa dell'affondamento del naviglio; per ovviare all'impossibilità del trasporto via mare, circa la metà dei prigionieri fu trasportata in Germania con aerei da trasporto JU52.

Ricordiamo le principali tragedie del mare che colpirono gli internati italiani durante i loro viaggi verso la detenzione in Germania. Il 23 settembre 1943 il "Donizetti" fu silurato da cacciatorpediniere britanniche, causando la morte di 1.825 uomini, e l'8 febbraio 1944 fu silurato il piroscafo "Petrella", morirono 2.646 dei 3.173 prigionieri italiani a bordo.

14 Ad entrambi fu concessa la Medaglia al Valor Militare alla memoria dallo Stato italiano.

La tragedia più immane fu quella del piroscafo norvegese "Oria", una nave di 2000 tonnellate, varata nel 1920, requisita dai tedeschi. L'"Oria" salpò l'11 febbraio 1944 da Rodi alle 17,40 diretto verso il Pireo, con a bordo 4.046 prigionieri italiani (43 ufficiali, 118 sottufficiali, 3885 soldati, che si erano rifiutati di aderire alla R.S.I. o di collaborare con i tedeschi), 90 militari tedeschi di guardia o di passaggio e l'equipaggio norvegese. Il giorno successivo, 12 febbraio, colto da una tempesta, il piroscafo affondò presso Capo Sounion, a 25 miglia dalla destinazione finale, dopo essersi incagliato nei bassi fondali prospicienti l'isola di Patroklou. I soccorsi, ostacolati dalle pessime condizioni meteorologiche e giunti solo il giorno seguente, riuscirono a salvare solo 37 italiani, 6 tedeschi, 1 greco, 5 uomini dell'equipaggi. Tutti gli altri occupanti della nave persero la vita, tra di essi tantissimi carristi del CCCXIII Battaglione Misto dell'Egeo.

Nel corso dei due anni di occupazione tedesca circa 200 italiani furono fucilati e 150 internati morirono per denutrizione. La vita nei campi era infatti estremamente dura e le condizioni alimentari ed igieniche precarie: la scarsità di cibo fu una costante per i prigionieri italiani e le malattie come la scabbia ed il colera erano diffusissime.

Nell'ottobre 1944 i tedeschi evacuarono l'Egeo. Rimasero a Rodi, trasformata in piazzaforte militare, 6.356 tedeschi e 4.097 italiani. Non si hanno dati sulla consistenza degli internati in questo gruppo rimasto a Rodi fino al maggio 1945: solo il termine della guerra pose fine alla prigionia di questi soldati italiani.

ADESIONE ALLA R.S.I.

Anche in questo remoto angolo dell'Egeo l'Armistizio aveva però diviso le coscienze: una parte dei Carristi del CCXII Battaglione chiese ed ottenne di poter continuare le ostilità accanto a quelli che considerava ancora alleati, cioè i Tedeschi, aderendo alla Repubblica Sociale Italiana.

1° Plotone Carri Armati Rodi

A Rodi, dopo l'Armistizio, spiccò la figura del maggiore Carlo Migliavacca, ufficiale di Fanteria, che operò un'opera di convincimento nei confronti dei militari italiani, spingendoli all'adesione alla Repubblica Sociale Italia ed all'arruolamento nelle forze armate repubblicane o tedesche[15]. Dopo aver radunato un certo numero di volontari, il 17 ottobre 1943 si tenne una cerimonia per il riarmo dei militari italiani a Campochiaro, alla quale presenziò lo stesso Migliavacca.

Con i carri presenti nell'isola di Rodi, presumibilmente non più di una dozzina, fu formato il 1° Plotone Carri Armati, con un organico di 1 ufficiale e 135 tra sottufficiali e militari di truppa. Il Plotone era aggregato al "Reggimento Italiano Rodi" ("Italienisch Rhodos Regiment")[16], inquadrato nella Sturmdivision Rhodos. Il Reggimento era composto in prevalenza dai reparti di Camicie Nere della Divisione "Regina", ai quali si erano uniti i legionari della Milizia Nazionale di Sicurezza Nazionale, dislocati nelle isole Sporadi e Cicladi, e circa 1.900 militari del disciolto Regio Esercito.

Al 31 dicembre 1944 la forza del Plotone era costituita da 1 ufficiale e 55 tra sottufficiali e militari di truppa. Secondo una relazione dello Stato Maggiore dell'Esercito datata 5 agosto 1944[17], il "1° Plot. Carri "L" già in Egeo" risultava in Germania a Bergen, presso la locale Panzertruppenschu-

---

15 L'adesione alle forze armate poteva avvenire come "Kampfwillige" o "KaWi" (volontari nell'esercito tedesco) o "Hilfswillige" o "HiWi" (ausiliari volontari) ed in entrambi i gruppi si doveva prestare giuramento al Führer. Inizialmente l'opera di Migliavacca a Rodi ottenne un limitato successo e solo 10 ufficiali e 180 tra sottufficiali e truppa si presentarono come KiWi e come HiWi 45 ufficiali e 1.859 tra sottufficiali e truppa.

16 In altri documenti il reparto viene citato come "Reggimento Volontari Rodi". Il Reggimento fu costituito nel giugno del 1944 con i diversi reparti formati nei mesi precedenti con gli italiani che si erano offerti come KaWi o Hiwi: 3 Battaglioni di Camicie Nere, 3 Reggimenti Costruttori, la Compagnia carri armati, una Compagnia Comunucazioni ed una Compagnia Sanità. Comandante del Reggimento era il tenente colonnello Cerullo., nominato "Inspekteur der italienische Verbaende Ost-Ägäis".

17 "Reparti autonomi dislocati fuori dal teatro operativo italiano".

le[18]. In realtà, dall'analisi incrociata con altri documenti, si evince che a Bergen in quel periodo si trovavano solamente 4 ufficiali Carristi, provenienti dal 1° Deposito Carristi di Verona, e quindi il Plotone non fu mai trasferito in Germania. Infatti, la tessa tabella redatta in data 1° marzo 1945, il 1° Plotone Carri L è indicato come presente nell'Egeo.

Probabilmente non tutti i carri armati del disciolto CCCXII Battaglione Misto Carri presenti a Rodi alla data dell'Armistizio furono reimpiegati dal 1° Plotone Carri Armati: stando ad alcuni documenti nel novembre 1943 fu creato il Leichter Pz.Aufkl.Zug, che doveva utilizzare mezzi italiani di preda bellica. L'unità, inserita nel Panzer Abteilung "Rhodos", disponeva a quella data di 3 carri armati leggeri CV35 e di 3 non meglio identificati veicoli corazzati, indicati come "M304", che nel mese di febbraio 1944 erano saliti rispettivamente a 4 ed a 3 mezzi. Il Leichter Pz.Aufkl.Zug sparisce poi dall'ordine di battaglia nel giugno 1944, non si sa se perché sciolto o assegnato ad altra unità (è possibile che i carri siano stati in realtà assorbiti dal 1° Plotone Carri Armati Italiano, in seguito alla costituzione del Reggimento Italiano Rodi).

Il Reggimento non prese parte a scontri a fuoco per mancanza di nemici, svolse prevalentemente compiti di polizia e si arrese, con la guarnigione tedesca dell'isola di Rodi, il 5 maggio 1945 agli Alleati, dopo una cerimonia di smobilitazione tenutasi nel tardo pomeriggio.

51° Plotone Carri Armati

A Creta, similmente a quanto accaduto a Rodi, al momento dell'Armistizio, la Divisione "Siena", di presidio sull'isola, si sciolse a Creta dopo l'8 settembre in conseguenza degli eventi; erano presenti i carri armati L3 della 51ª Compagnia Carri L, rimasti sull'isola dopo l'operazione "Merkur".

Mentre i tedeschi si apprestavano ad occupare l'intera isola, il CLXI Battaglione "M" Camicie Nere d'Assalto, là dislocato insieme alla Divisione "Siena" ed a personale della Regia Marina, si schierò immediatamente con le forze armate germaniche, insieme al personale delle batterie costiere. Fu costituita così la "Legione Italiana Volontari Creta", al comando del tenente colonnello Gianoli. Grazie all'afflusso di personale della Divisione "Siena", che desiderava continuare a combattere con i tedeschi, ed all'opera di recupero di materiale militare abbandonato dalla disciolta Divisione, il CLXI Battaglione "M" poté rimanere autonomo e riuscì a costituire un reparto corazzato (51° Plotone Carri Armati), che fu dislocata a Retymno, con una forza di 22 uomini. Il Battaglione, che formalmente faceva parte della Guardia Nazionale Repubblicana, affrontò alcuni attacchi nemici provenienti dal mare e, soprattutto, dall'aria, patendo anche i disagi legati all'isolamento ed alla scarsità di viveri.

La Legione "Volontari Italiani Creta" depose le armi il 4 maggio 1945, insieme alle unità tedesche. Per i militari italiani fedeli alla Repubblica Sociale, che si trovavano nel Dodecaneso, si aprì così un lungo periodo di prigionia in Kenia.

CADUTI DEL BATTAGLIONE

Come abbiamo visto, il CCCXII era dislocato in un'area lontana dagli scontri bellici e dai fronti principali e non fu coinvolto in alcuna azione di guerra, ad eccezione dell'occupazione dell'isola di Creta. Non ebbe perciò a lamentare perdite per cause di guerra (nemmeno durante l'operazione "Merkur") e gli unici due caduti del Battaglione, i cui nominativi vengono riportati di seguito, furono causati da incidenti:

- Carrista Benevento Gaetano, morto il 31 ottobre 1941;
- Carrista Cavallo Francesco, morto l'8 marzo 1942.

18 Presso questa Scuola Carristi, stando alle intenzioni dei comandi italiani e tedeschi, doveva essere formato un Gruppo Corazzato Italiano, da inserire nell'Esercito della Repubblica Sociale e, probabilmente, era intenzione spostare il Plotone Carristi di Rodi in Germania, per dirottarne il personale da un teatro ritenuto secondario. Per approfondimenti si veda "Il Gruppo Corazzato del Leoncello", Soldiershop, Zanica (BG), 2021.

È noto, inoltre, il nome di un Carrista, deceduto a fine guerra, a seguito dei patimenti sofferti in prigionia:

- Carrista Gattulli Giuseppe, morto nel giugno 1945.

La maggior parte dei caduti del Battaglione sono da ascrivere invece alla terribile prigionia, sia in Egeo che in Germania, ed ai tragici affondamenti in mare delle navi che trasportarono migliaia di internati italiani, destinati dall'Egeo alla Germania e che furono affondati. In modo particolare ricordiamo i numerosi morti e dispersi dell'affondamento del citato piroscafo "Oria", a bordo del quale vi erano moltissimi Carristi. Ricostruire tutti i loro nominativi è lavoro arduo (anche perché i tedeschi non compilarono alcuna lista di imbarco e pertanto la maggior parte di loro resta ignota), citiamo in queste poche righe alcuni nomi come quello del caporalmaggiore Giuseppe Fiorucci, del tenente Augusto Durgante Augusto, del carrista Cosimo Barbato, del carrista Pasquale Iengo o del carrista Giuseppe Forcina, tutti periti nella fatidica notte tra l'11 ed il 12 febbraio del 1944.

▲ Batteria antiaerea appostata sopra le mura della città murata di Rodi (ACS).

▲ Un'immagine della coperta della nave "Porto di Roma" in navigazione: si vede in primo piano la casamatta di un carro L3 (Tallillo).

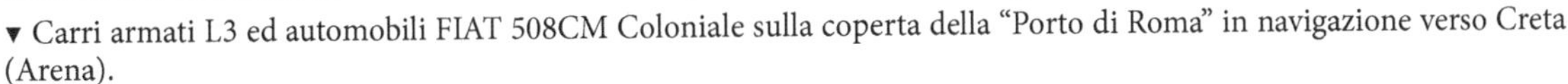

▲ La nave "Porto di Roma" pronta a lasciare il porto di Rodi, stracarica di mezzi corazzati, mezzi a motore, Carristi, Carabinieri e Camicie Nere. Sulla casamatta dei carri L3 spicca il numero del Battaglione "CCCXII" (Arena).

▼ Carri armati L3 ed automobili FIAT 508CM Coloniale sulla coperta della "Porto di Roma" in navigazione verso Creta (Arena).

▲ Fanti della Divisione “Regina” in partenza per Creta (collezione privata).

▼ Aerei tedeschi sorvolano il mare verso Creta il maggio 1941 (ACS).

▲ Alcuni sorridenti Carristi del CCCXI Battaglione cantano durante la navigazione verso Creta: molti militari italiani presero parte all'operazione con uno spirito quasi goliardico, come raccontato anche da alcuni reduci, privi di consapevolezza della potenziale pericolosità della missione (collezione privata).

▲ Un gruppo di paracadutisti tedeschi avanza lungo una rotabile a Creta: l'operazione di aviolancio germanica non raggiunse gli obiettivi programmati e rischiò di trasformarsi in una disfatta (collezione privata).

▼ Marinai di un reparto da sbarco conducono uno dei piccoli natanti che servirono durante lo sbarco a Sitia, per effettuare la spola tra le imbarcazioni, dove si trovavano i militari italiani, e la spiaggia (ACS).

▲ Fanti della Divisione "Regina" avanzano protetti da un carro L3/33 (Tallillo).

▼ Allo sbarco italiano presero parte anche reparti di terra della Regia Marina (ACS).

▲ Militari italiani di Fanteria avanzano cautamente tra le sterpaglie verso una posizione tenuta da soldati greci (collezione privata).

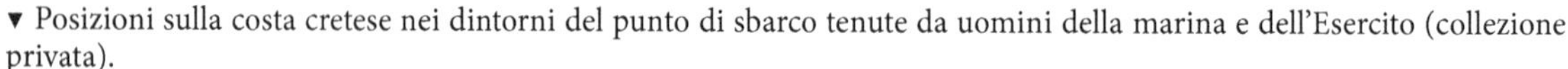

▼ Posizioni sulla costa cretese nei dintorni del punto di sbarco tenute da uomini della marina e dell'Esercito (collezione privata).

▲ Posto di comando avanzato italiano dotato di radio, organizzato da soldati italiani in un piccolo centro abitato di Creta (ACS).

▼ I carri L3 del CCCXII Battaglione funsero da avanguardia delle truppe italiane per tutta la durata delle operazioni a Creta (Tallillo).

▲ Effetti degli attacchi italo – tedeschi: aerei britannici in fiamme in un campo d'aviazione cretese (ACS).

▼ Soldati tedeschi avanzano strisciando mentre il settore occupato dai britannici a Creta viene bombardato il 28 maggio 1941 (ACS).

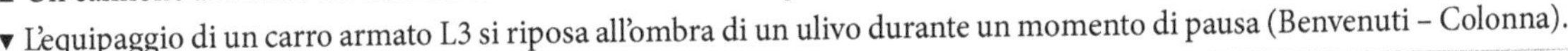

▲ Un cannone anticarro da 47/32 messo in batteria durante gli scontri (ACS).

▼ L'equipaggio di un carro armato L3 si riposa all'ombra di un ulivo durante un momento di pausa (Benvenuti – Colonna).

▲ Alcuni carristi italiani incontrano un carro armato tedesco al bivio di Jerapetra, obiettivo del Corpo di Spedizione italiano, il 30 maggio 1941 (ACS).

▲ Prigionieri greci, fotografati al termine degli scontri a Creta (ACS).

▼ Un Plotone di marinai di una Compagnia da Sbarco della Regia Marina rientra a Rodi dopo l'invasione di Creta (ACS).

▲ Un gruppo di Camicie Nere a Creta attende la visita del Governatore, nella primavera 1941, dopo l'invasione dell'isola (ACS).

▼ Il generale Ettore Bastico, Governatore delle Isole Italiane nell'Egeo, passa in rassegna le truppe di occupazione italiane a Creta, dopo l'operazione "Merkur" (ACS).

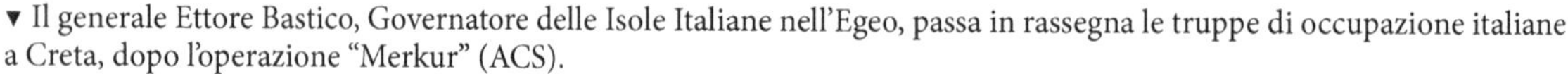

▲ Autoveicoli dell'Autoreparto Misto Egeo nell'aeroporto di Gadurrà nell'inverno del 1942: si riconosce al centro un autocarro leggero CL39 e, in fondo a destra, uno SPA 38R (ACS).

▼ Tesserino di riconoscimento di un Autiere del 50° Autoreparto Misto Egeo. Il reparto forniva al CCCXII Battaglione Misto Carri gli autocarri pesanti necessari allo spostamento dei mezzi corazzati sull'isola di Rodi (collezione privata).

50° AUTOREPARTO MISTO EGEO

COMANDO

TESSERA DI RICONOSCIMENTO

del Aut. MAGNANI Giovanni

Classe 1919 Matricola n.

Distretto RODI

P.M. 550, li 26/11/942

Il Comandante dell'Autoreparto

(Ten. Mario Scorcia)

▲ Un militare tedesco ispeziona le autoblindo lancia 1ZM abbandonate (e probabilmente incendiate) dagli equipaggi del Plotone Autoblindo sulla strada verso Rodi il 9 settembre 1943.

▼ Le stesse autoblindo depredate degli pneumatici: si riconosce la terga “RE 88B” della macchina in primo piano.

▲ Carri armati della Sturmdivision “Rhodos” in marcia lungo le mura del porto di Rodi dopo l’Armistizio.

▼ Un Panzer IV Ausf.G della Sturmdivision “Rhodos” penetrato all’interno della città vecchia di Rodi dopo gli eventi susseguenti all’8settembre.

▲ Biplani CR-42 della Regia Aeronautica in un aeroporto del Dodecaneso (Arena).

▼ Un reparto di terra della Regia Marina Base Navale di Lero fotografato pochi giorni prima dell'8 settembre (Arena).

▲ Un militare tedesco a Leros scruta l'orizzonte, durante i sanguinosi scontri che si tennero sull'isola in seguito all'Armistizio (Arena).

▼ Ufficiali italiani conferiscono con militari tedeschi a Rodi al termine degli scontri seguiti all'Armistizio (Pisanò).

▲ Circa 8.000 militari italiani aderirono alla Repubblica Sociale Italiana nel Dodecaneso. Fondamentale fu l'opera del maggiore Migliavacca che girò instancabilmente Rodi e le isole vicine per perorare la causa dell'Italia fascista, convincendo centinaia di militari delle disciolte truppe regie a sostenere le forze armate tedesche (Pisanò).

▼ Il maggiore Migliavacca parla alle truppe italiane a Campochiaro durante la cerimonia di riarmo del 17 ottobre 1943 (Pisanò).

▲ A Campochiaro (Rodi) il 17 ottobre 1943 si tenne una cerimonia per riarmare i primi reparti italiani dell'Egeo che avevano aderito alla R.S.I. (Pisanò).

▲ Il Carrista Luigi Russo, militare del CCCXII Battaglione Misto Carri dell'Egeo, perito nel tragico affondamento del piroscafo "Oria".

▲ Il Carrista Giuseppe Forcina, un'altra vittima del naufragio della notte tra l'11 ed il 12 febbraio 1944 (archivio famiglia Forcina).

▲ Il piroscafo "Oria", a bordo del quale morirono più di 4.000 prigionieri italiani, nella notte tra l'11 ed il 12 febbraio 1944..

▼ Maggio 1945 Prigionieri italiani sopravvissuti alle dure condizioni di vita del Campo secondario di detenzione "Casa dei Pini a Rodi", fotografati scattata dalle truppe inglesi sbarcate nell'isola dopo la resa tedesca nel maggio 1945.

TESTIMONIANZE

Caporale Antonio Fragassi

Quando si chiedeva ad Antonio Fragassi in quale reparto avesse combattuto, lui rispondeva fieramente: "*Quarto Reggimento Carristi, trecentododicesimo Battaglione Autonomo Carristi dell'Egeo*". Il signor Antinio, classe 1920, era uno dei reduci di questo reparto ed ebbi la fortuna di poterlo intervistare, per tramite di suo nipote Alessandro, quando era ancora in vita. Nonostante la non più giovane età, ricordava ancora tantissimi dettagli della "sua" guerra in quel remoto angolo "dell'Impero". Ecco il suo racconto.

"*Fui richiamato alle armi e destinato ai Carristi, mi mandarono da Pescara a Roma al 4° Reggimento, dove rimasi per circa un mese a compiere addestramento. Dopo questo periodo mi spedirono sull'isola di Rodi, partii il 13 od il 14 febbraio del 1940. Raggiunsi l'isola di Rodi dove era schierato il 312° Battaglione e vi rimasi per tutta la durata della guerra, che lì nel Dodecaneso fu tutto sommato tranquilla. A Rodi fui inquadrato nella 3ª Compagnia Carri Leggeri e seguii il corso per pilotare i carri leggeri L3. Il Battaglione aveva in dotazione anche dei vecchi carri armati FIAT 3000: quando li pilotavamo eravamo costretti a guidare alla cieca, tenendo l'iposcopio chiuso per la troppa polvere che entrava dalla feritoia, e la direzione da tenere veniva indicata dal capocarro che batteva con i piedi sulle spalle, secondo un codice prestabilito, che rappresentava le diverse direzioni da prendere.*

Fino al 10 giugno 1940 vivemmo come se ci trovassimo in vacanza; i rapporti che intrattenevamo con la popolazione locale erano piuttosto tiepidi, anche se a volte nasceva qualche amore con le ragazze del posto o qualche amicizia tra coetanei. Entrai in confidenza con un prete ortodosso e mi sembrò una cosa alquanto bizzarra il fatto che questo prete avesse dovuto sposarsi prima di poter celebrare le funzioni religiose.

La domenica per noi era d'uso assistere alla Santa messa al campo, alla quale seguiva una marcia e la pulizia dei nostri mezzi corazzati. Spesso facevamo esercizi di abilità ai comandi dei nostri carri armati e quello che facevamo più di frequente consisteva nel fare raddrizzare il carro leggero, dopo che era stato fatto ribaltare su un cumulo di terra con un cric, che era appeso al retro dello scafo. Risultai il più veloce dell'intera Compagnia a svolgere il raddrizzamento e questo mi valse la promozione a caporale, dopo solo tre mesi che avevo conseguito il brevetto di pilota di carri leggeri.

Il rancio che ci veniva distribuito era buono, ogni giorno ricevevamo una razione di 5 sigarette ed una dose di chinino contro la malaria, la paga era di 1 £ giornaliera, che fu alzata a 5£ con lo scoppio della guerra.

Con l'inizio del conflitto la situazione cambiò e con i carri armati fummo dislocati in diverse località dell'isola di Rodi; i carri venivano fatti disporre sul territorio in squadre di 3 mezzi, in posizioni tali da fornire protezione contro eventuali sbarchi e da presidiare le zone circostanti. Grazie al grado di caporale che mi ero conquistato mi fu affidato il comando di una squadra di 3 carri armati; per paura dei bombardamenti nemici i comandi spostavano le sezioni di carri armati ogni 3 mesi circa da un villaggio all'altro.

Purtroppo, i nostri carri armati non erano dotati di radio e l'unica disponibile si trovava presso il Comando, un apparecchio che veniva usato anche da un reparto di artiglieria disposto sulle alture dell'isola. Quando nasceva la necessità di comunicare con i superiori, uno o due carristi si trovavano costretti a recarsi a piedi al Comando per ricevere gli ordini o trasmettere informazioni.

Mi ricordo della visita che Mussolini fece nell'isola di Rodi all'inizio della guerra, fu la prima e l'unica volta che ebbi modo di vedere da vicino questo Duce di cui tutta l'Italia ne parlava.

Quando dovevamo fare la missione su Creta, in un primo momento anche io avrei dovuto parteci-

pare, ci fecero fare anche una esercitazione qualche giorno prima. La sera prima della partenza insieme a dei commilitoni festeggiammo e quasi ci ubriacammo, come se dovessimo partire per un viaggio di piacere, ma la mattina successiva, arrivati al porto con i carri armati al molo di Afanto, la chiatta che doveva servire per farci imbarcare era affondata sul fondo del porto e così rimanemmo tagliati fuori.

Con il passare dei mesi la paura di un possibile attacco inglese era sempre più forte e molte spiagge furono minate da un reparto di genieri; se gli Inglesi fossero sbarcati nel mio settore avrei dato ordine alla mia sezione di 3 carri armati di aprire il fuoco con tutte le nostre (povere) armi dei carri e non avrei ceduto fino all'ultimo, anche se capivo perfettamente che con la mia azione avrei ottenuto ben scarso risultato. Le squadre di carri che presidiavano l'isola venivano fatte spostare con maggiore frequenza, ma questo non impediva ai nemici Inglesi di riuscire spesso a colpire i depositi di munizioni e di carburante. Scoprimmo poi che tra le nostre fila si nascondeva uno spione, era un greco naturalizzato italiano, che faceva il doppio gioco e comunicava col nemico. Fu colto in flagrante dai soldati della Milizia mentre comunicava con i britannici con una radio che teneva ben nascosta. Lo arrestarono e dopo un processo fu fucilato pubblicamente davanti agli occhi di noi carristi e della popolazione locale. Da quel momento, come per incanto, gli Inglesi non riuscirono più a colpire con la stessa efficacia.

Arrivò poi quel brutto 8 settembre, che creò un sacco di scompiglio. Noi non si sapeva più cosa dovevamo fare, si sperava di tornare presto a casa, ci furono alcuni che si ribellarono contro i tedeschi e fecero resistenza. Ma poi quella che sembrava l'opportunità di rivedere le nostre case, si trasformò in una lunga prigionia, per quelli come me che avevano deciso di non collaborare con i Tedeschi e la Repubblica di Mussolini.

Fino all'Armistizio non avevo avuto nessun contatto con i famosi "camerati germanici" come si diceva nei bollettini ed avrei preferito a quel punto non vederne nemmeno uno in quei tristi giorni e invece mi capitò di incontrare i primi proprio in quei brutti momenti. La mia prigionia nelle mani dei tedeschi ebbe inizio il 14 settembre 1943, fino a 9 febbraio dell'anno successivo rimasi internato in un campo a Rodi. Per non dimenticare quel brutto periodo presi nota di tuti i campi di prigionia che visita sull'isola di Rodi. Fui poi spostato a Psitos fino al 16 febbraio e poi a Campochiaro, nel 5° Campo di Raccolta, dove rimasi fino al 27, quando mi spostarono di nuovo ad Arcipoli. Il 4 aprile mi portarono a Villanuova, poi il 4 maggio a Cremastò, ma il giorno 15 fui ricoverato all'Ospedale da Campo di Rodi, perché avevo preso la scabbia. Il 24 mi rimandarono a Cremastò e vi rimasi fino al 24 luglio, quando mi fecero tornare a Villanova. Molti di questi spostamenti erano dovuti al fatto che ci spostavano nei vari campi di prigioni a seconda dei lavori a cui venivamo destinati. Infatti, i Tedeschi avevano inquadrato noi prigionieri italiani rimasti nelle isole in reparti di lavoratori, perché avevano bisogno di manodopera per i lavori stradali e per le fortificazioni; io fui "arrulato" obbligatoriamente nel II Bau Battaillon, nella 5ª Compagnia Internati.

Grazie a questo "arruolamento" un po' mi salvai la vita. Infatti, ad un certo punto siccome noi prigionieri eravamo troppi per i tedeschi, cercarono di mandare almeno una parte degli internati italiani a lavorare in Germania, visto che facevano una gran fatica a provvedere al vitto e all'alloggio di così tanti uomini. Venivano mandati così dei convogli navali, c'era anche un ufficiale italiano che raccoglieva i nominativi di quelli che si offrivano volontari per andarci, un certo tenente Giovanni D'Amico, che propose anche a me due volte di andare in Germania. Io rifiutai sempre, perché preferivo la relativa sicurezza da prigioniero a Rodi, piuttosto che andare incontro ad un destino incerto in Germania o chissà dove in Europa. E infatti ci arrivavano notizi che tutte le navi che portavano i prigionieri vennero silurate, con un gran numero di prigionieri morti annegati e i tedeschi decisero così di non fare più spedizioni marittime. Anche il tenente D'Amico credo fece una brutta fine. Ad agosto mi chiese per l'ultima volta se volevo partire, ma ormai ero arruolato nel Bau Battaillon e così per me era impossibile essere trasferito, lui prese praticamente il mio posto e così morì nell'affondamento della nave "Oria".

L'8 agosto 1944 fui ricoverato ancora, questa volta al 553° Ospedale da campo per la malaria, ma dopo 11 giorni mi ritennero idoneo a tornare al lavoro a Villanova.

Oltre al lavoro pesante a cui ci obbligavano, la prigionia fu comunque molto difficile per le condizioni igieniche, che favorivano spesso epidemie di scabbia, ma anche la malaria era molto diffusa. Io le presi entrambe come ho detto poco fa.

Il 27 settembre venni spostato al Bosco Reale, fino al 24 novembre e poi ad Arcipoli fino al 7 dicembre, quando fui trasferito a Malona. Il 25 gennaio 1945 mi dovettero ricoverare urgentemente nell'infermeria del campo per un nuovo attacco di malaria ed il 4 febbraio mi dichiararono di nuovo abile al lavoro. Rimasi nel campo di Malona fino a quando la guerra finì e i Tedeschi si arresero, il 28 aprile 1945 a Rodi arrivarono gli Inglesi ed eravamo tuti contenti e felici, perché pensavamo che fosse finita. Invece scoprimmo per la seconda volta che non era ancora ora di tornare a casa. Lo stesso 28 aprile fui catturato dagli Inglesi, che ci trasportarono a Salaco fino al 31 maggio. Quel giorno ci imbarcarono alla sera sulla nave francese "Ville d'Oran", diretti in Italia. Sbarcammo a Taranto dopo 3 giorni, il 2 giugno 1945, ma ci portarono ancora prigionieri nel 42° Campo Sant'Andrea. Qui rimasi praticamente due mesi, fino al 28 luglio, mi mandarono poi al campo di smistamento Santa Teresa fino al 5 agosto. La sera di quel giorno ero finalmente libero e riuscii a prendere un treno per tornare davvero a casa mia.

I primi tempi che ero di nuovo in Italia però un po' rimpiansi Rodi. La situazione era molto confusa e il destino si faceva incerto. Da buon contadino a Rodi con il mio occhio esperto avevo visto tanta terra coltivabile e probabilmente, con la pace, sarei potuto vivere benissimo anche là".

▲ Foto di gruppo del caporale Antonio Fragassi con alcuni commilitoni del CCCXII Battaglione Carristi dell'Egeo (archivio famiglia Fragassi).

▲ Il caporale Antonio Fragassi in uniforme ordinaria da carrista (archivio famiglia Fragassi).

▲ Uniforme da carrista, con la tuta monopezzo turchina, il casco ed il giubbotto in cuoio (archivio famiglia Fragassi).

▲ Nel periodo estivo venivano portate le uniformi per i climi caldi: da notare le mostrine cucite sul colletto della camicia (archivio famiglia Fragassi).

▲ Il caporale Fragassi a bordo di una motocicletta (archivio famiglia Fragassi).

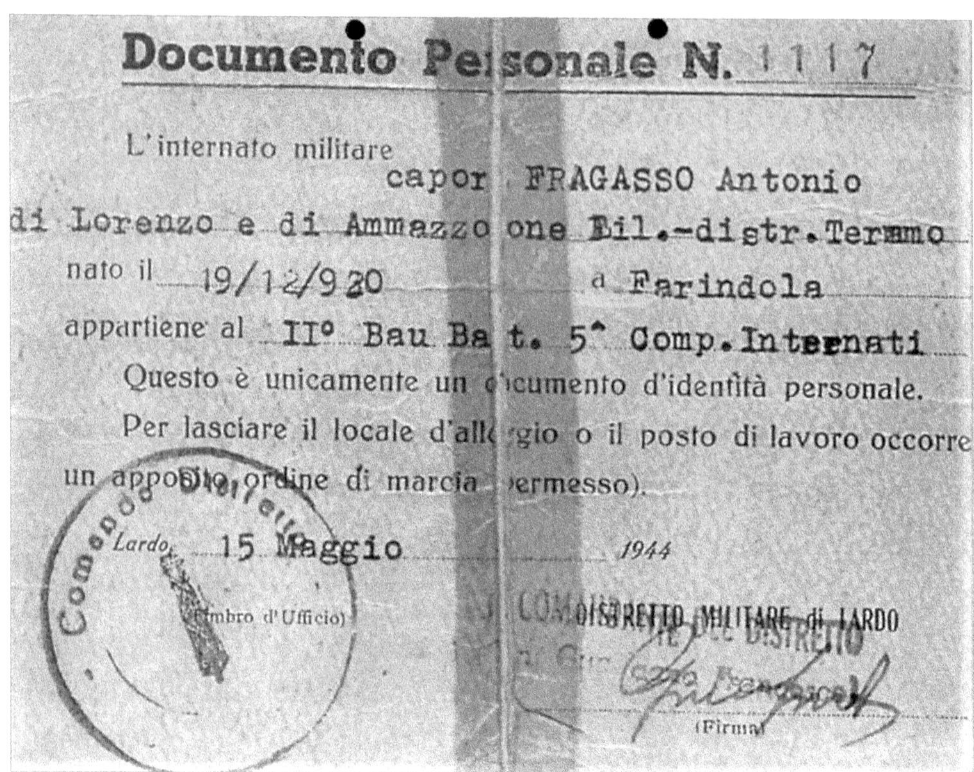

Documento Personale N. 1117

L'internato militare
capor FRAGASSO Antonio
di Lorenzo e di Ammazzo one Bil.-distr.Termmo
nato il 19/12/920 a Farindola
appartiene al II° Bau Bat. 5^ Comp. Internati

Questo è unicamente un documento d'identità personale.

Per lasciare il locale d'alloggio o il posto di lavoro occorre un apposito ordine di marcia (permesso).

Lardo, 15 Maggio 1944

(Timbro d'Ufficio)

DISTRETTO MILITARE di LARDO

(Firma)

▲ Documento risalente al periodo della prigionia tedesca, che attesta l'appartenenza dell'internato Antonio Fragassi al II Bau Bataillon (archivio famiglia Fragassi).

▼ Carta d'identità per i prigionieri del Regio Esercito rilasciata dalle autorità britanniche a Rodi. Da notare come in ogni documento sia stato storpiato il cognome di Antonio Fragassi, a seconda della nazionalità del compilatore (archivio famiglia Fragassi).

CARTA D'IDENTITA PER I PRIGIONIERI DI GUERRA
(da essere ritenuta in possesso del prigioniero stesso)

Cognome FRACASSI
(in lettere maiuscole)

Nome(1) ANTONIO

Grado Caporale

IL VOSTRO NUMERO DI PRIGIONIERO E IL SEGUENTE ME 486773

Di questo numero se ne farà uso in TUTTO e per TUTTO quello che vi concerne per l'intera durata della vostra cattura. Servirà per identificarvi e ne dovrete fare uso costante nella vostra corrispondenza alle e dalle vostre famiglie.

Registrato al Campo No 378/0.W Data 25.5.45

ATTESTA N° 380

che il militare Cpl.. FRAGAZZI Antonio di Lorenzo

nato il 1920 distretto Teramo è rimasto internato dei tedeschi

dal l'11 Settembre 1943 al l'8 Maggio 1945

dal ====== al =====

in licenza dal ===== al =====

alla macchia dal ====== al =====

Rodi, li 31 Maggio 1945

IL PRESIDENTE

(Ing. Antonio Macchi)

Si afferma essere rispondente a verità quanto attestato dalla commissione.

Rodi, li 31 Maggio 1945

H.Q., 281 FORCE

▲ Attestato della condizione di prigioniero di guerra durante l'occupazione tedesca, redatto dalle competenti autorità militari e consegnato ai prigionieri prima dell'imbarco per l'Italia (archivio famiglia Fragassi).

▼ Documento di viaggio di Antonio Fragassi, consegnatogli il 4 agosto 1945, giorno del suo rilascio dal campo di prigionia alleato di Taranto: da quel momento tornava ad essere un uomo libero (archivio famiglia Fragassi).

Comando Campo "Tuker„ Rimpatriati Italiani

TARANTO

DICHIARAZIONE

AL COMUNE di Farindola

Si dichiara che al Cap.le Fragassi Antonio.

è stata rilasciata da questo Centro una licenza di giorni sessanta + il viaggio a decorrere dal 4 AGO.

con scadenza

Si rilascia la presente per l'emissione della carta annonaria mod. M. I. P. (circ. 6135/S del 19-6-1944).

li 4 AGO.

IL TEN. COLONNELLO COMANDANTE

Tenente Augusto Durgante

Il tenente Augusto Durgante fu destinato al CCCXII Battaglione Misto dell'Egeo, giungendo a Rodi a Psito, nell'agosto 1943, solamente un mese prima del tragico Armistizio. Dopo l'8 settembre il tenente Durgante venne fatto prigioniero dai tedeschi e fu imbarcato sul piroscafo "Oria", a bordo del quale perì nel tragico affondamento dell'11 febbraio. Questo il suo ricordo, nelle parole del nipote Alberto:

"*Mio zio Augusto Durgante nasce a Minerbe, in provincia di Verona, il 13 marzo 1919 da Pietro Durgante ed Eleonora Franco.*

Arruolato come sottufficiale nel 31° Reggimento carristi, nell'autunno del 1942 partecipa all'XI corso ufficiali carristi di complemento a Firenze, terzo Reggimento carristi, conseguendo diversi patentini, tra i quali, quello per la guida dei carri armati. Fino a fine luglio - primi di agosto del 1943 si trova a Roma presso il 4° reggimento Carristi, graduato Sottotenente (con biglietto da visita personale).

Nell'agosto del 1943 viene inviato sull'Isola di Rodi e precisamente nella località di Psito che si trova al centro dell'isola, presso il 312° Battaglione Carristi avente indirizzo di posta militare P.M. 550. Qui rimane fino all'8 settembre 1943 giorno dell'armistizio, che trasforma mio zio e le decine di migliaia di altri militari italiani in servizio nelle isole greche, in prigionieri di guerra. Le poche lettere ricevute all'epoca giungono dalla Feld Post Nummer (è il codice postale usato dai tedeschi per il ricevimento ed inoltro della posta proveniente da uno dei loro campi di prigionia in Grecia) 0665K inizialmente, successivamente dalla F.P.N: 5418-2317 ed in ultima dalla F.P.N. 03800C. Da indagini sulla storia postale tutti questi F.P.N. corrispondono al campo di prigionia secondario di Psito facente parte del campo di prigionia principale di Campochiaro (campo numero 5 dei 7 presenti a Rodi). L'ultima lettera viene ricevuta nel febbraio del 1944 ed è datata 9 febbraio, pochi giorni prima del forzato imbarco sulla nave Oria e del suo repentino tragico affondamento del 12 febbraio 1944.

Seguirono all'epoca vane ricerche presso Consolati, Croce Rossa Internazionale, campi di prigionia dell'allora Jugoslavia, messaggi di ricerca fatti trasmettere per radio, fino al 1957, data degli ultimi documenti di ricerca disponibili. Un ulteriore contatto dell'epoca (ovviamente all'epoca le informazioni erano molto caotiche e talvolta poco affidabili o vicine allo sciacallaggio), dichiarava che era stato imbarcato su tale piroscafo ma che si salvò e rimase con lui prigioniero in un campo di concentramento tedesco in Jugoslavia (Zemun e/o Dubronvichi).

L'unica cosa certa è che mio zio Augusto Durgante non ha mai più fatto ritorno a casa e mio padre Attilio (fratello di Augusto) e la sua famiglia, hanno portato a lungo nel cuore le ferite di questa perdita, causa anche l'incertezza sulla sua reale sorte.

Di lui rimangono i ricordi, alcune foto, alcune lettere ricevute in quegli anni burrascosi, una valigia contenente la sua uniforme e la bandiera italiana con l'aquila del Regno d'Italia e poco altro, tra cui il suo nome iscritto sul monumento ai caduti presente nella piazza principale di Minerbe (VR), suo paese natale".

Questo il mesto testo dell'ultima lettera ricevuta dalla famiglia, prima di perdere ogni traccia di Augusto:

"*Lì, 8 febbraio 1944.*

Carissimi,

i giorni passano e mai da voi ricevo posta, anche questo unico conforto mi è venuto a mancare. Non so da parte mia voi continuiate a riceverne, quanta gioia mi darebbe sapessi almeno voi ricevete mie notizie. Se per caso un lungo tempo passasse senza che possiate ricevere un mio rigo non preoccupatevi per me. Come già vi dissi non posso lagnarmi della vita che faccio e della salute che godo, inutile dirvi quanto io spero in una vostra buona salute e in una vita possibilmente tranquilla.

Unica mia speranza è vedere presto tutto finito e possibilmente ritornare sano e salvo quanto prima fra voi. Brunetto lo credo sempre a casa, che frequenti regolarmente la scuola, spero indovinare come pure sul mio comportamento verso lo zio Bepi.

Qui con me ho parecchi compagni di Verona che mi ricordano ogni giornata il mio paese ed il mio dialetto.

Con la speranza di ricevere qualche vostro rigo ricordandovi tanto sempre. Abbiatevi un'infinità di lunghi bacioni e abbracci vostro

Augusto".

▲ Il sottotenente Augusto Durgante al momento dell'arruolamento nei Carristi (archivio famiglia Durgante).

▲ Durgante durante il corso per allievo ufficiale di complemento presso il 3° Reggimento Carristi di Bologna (archivio famiglia Durgante).

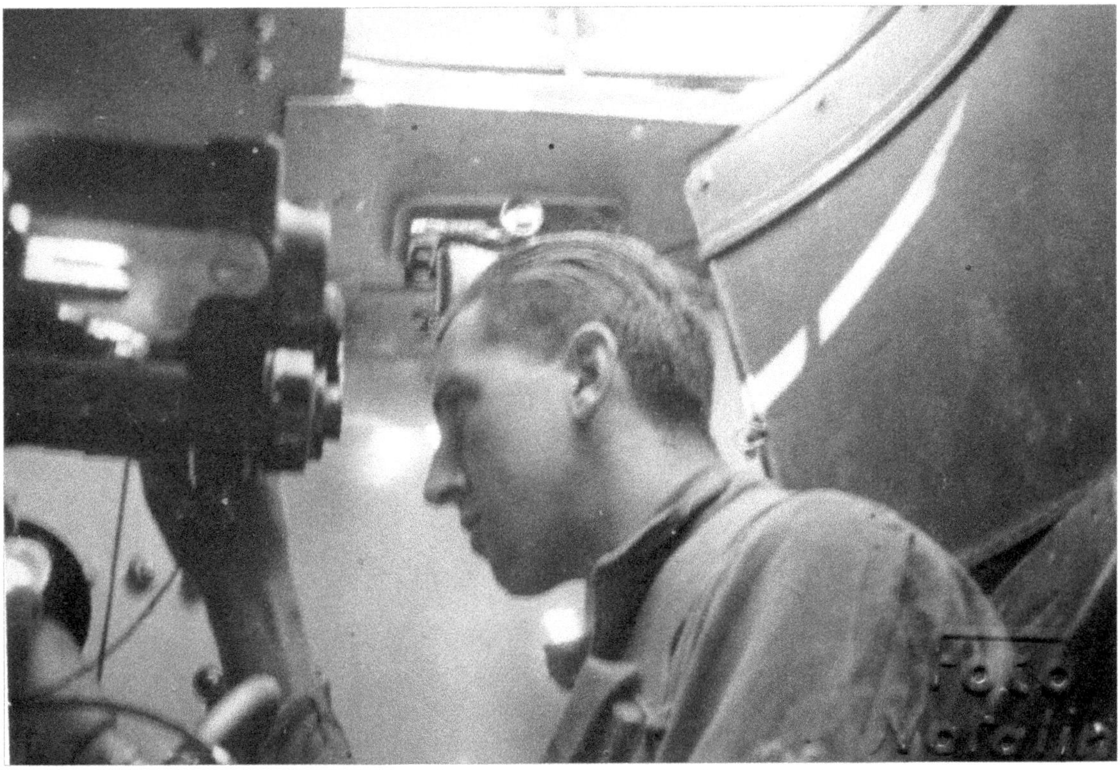

▲ Augusto Durgante all'interno della torretta di un carro M (archivio famiglia Durgante).

▼ In torretta di un carro M13/40 (archivio famiglia Durgante).

▲ Durgante accanto ad un carro medio M13/40, interamente dipinto in grigioverde, probabilmente lo stesso delle immagini precedenti (archivio famiglia Durgante).

▲ Durante il Corso per Allievi Ufficiali di Complemento i giovani Carristi venivano addestrati anche alla conduzione delle motociclette, ritenute mezzi fondamentali da utilizzare in caso di missioni in avanscoperta (archivio famiglia Durgante).

▼ Guerresco ritratto dell'allievo ufficiale Carrista Augusto Durgante a bordo di un carro leggero L3 (archivio famiglia Durgante).

▲ In torretta, con il giubbotto ed il casco di cuoio protettivi, utilizzati dai Carristi del Regio Esercito (archivio famiglia Durgante).

▼ (archivio famiglia Durgante)

▲ Un carro L6/40 in manovra al 3° Reggimento Carristi di Bologna (archivio famiglia Durgante).

▼ Un carro M affronta un ostacolo del percorso di prova del 3° Carristi (archivio famiglia Durgante).

REGIO ESERCITO ITALIANO

4° Reggimento Carristi

Btg. Addestramento

9a Compagnia

RUOLINO MILITARE

tenuto dal

S.ten. Durgante Augusto

Presso Rinaldi - Via Lucca 33/4

Roma

▲ Ruolino militare del sottotenente Augusto Durgante, tenuto presso il 4° Regimento Carristi di Roma (archivio famiglia Durgante).

Categ. I) COMPRESSORI STRADALI.

(1) ....

Visto il verbale N. .... *in data* ....
constatante l'esito favorevole dell'esperimento di idoneità alla condotta di (2) ....

in servizio militare, sostenuto dal (3) ....

di .... *nato il* ....
a .... *al N.* .... *di matricola,*
del distretto di ...., *lo si dichiara*
idoneo a condurre **compressori stradali** *in servizio militare, con* (4) ....

Bollo .... *li* .... 19....

Il Comandante del (1) ....

(1) Reggimento od ente che rilascia il certificato. — (2) Tipo o tipi di compressori stradali sui quali è stato effettuato l'esperimento — (3) Grado o qualifica - Casato e nome. — (4) Tipo di motore.

— 10 —

3° REGGIMENTO CARRISTI

Categ. ......) (Riservato ad altra eventuale categoria che venisse stabilita dal Ministero).

(1) ....

Visto il verbale N. 575 *in data* 9.11.42
constatante l'esito favorevole dell'esperimento di idoneità alla condotta di (2) Carro M.13/40

in servizio militare, sostenuto dal (3) [illegible]
Durgante Augusto
di Pietro *nato* [illegible]
a .... *al N.* 12681 *di matricola,*
del distretto di Verona *, lo si dichiara*
idoneo a condurre carri M. 13/40
in servizio militare, con (4) motore a [illegible]

Bollo Bologna *li* 5.12.1942

Il Comandante del (1) IL COLONNELLO Comandante del Reggimento (Andrea [illegible])

(1) Reggimento od ente che rilascia il certificato. — (2) Tipo o tipi di .... sui quali è stato effettuato l'esperimento. — (3) Grado o qualifica - Casato e nome. — (4) Tipo di motore.

— 11 —

▲ Patente di guida per gli autoveicoli ad uso militare, all'interno del quale si trova anche il certificato di abilitazione alla conduzione dei carri M13/40, conseguito da Augusto Durgante il 5 dicembre 1942 presso il 3° Reggimento Carristi (archivio famiglia Durgante).

▼ Cartolina postale del padre Pietro, inviata ad Augusto il 10 novembre 1943, e respinta dalla Forze Armate tedesche (archivio famiglia Durgante).

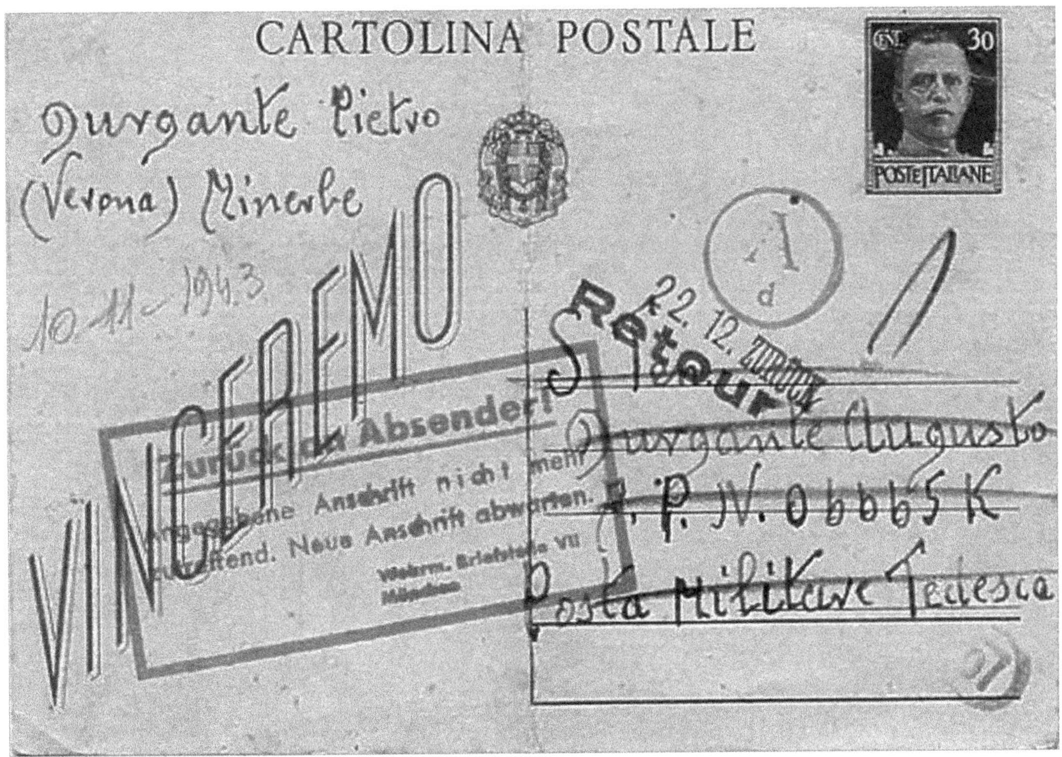

▲ Busta di una lettera inviata da Durgante dalla prigionia: reca i timbri della Feldpost, identificabili con il campo di prigionia secondario di Psito (archivio famiglia Durgante).

▼ L'immagine di Augusto Durgante in uniforme fu proiettata anche durante l'intervallo del tour "The Wall", condotto tra il 2010 ed il 2013 da Roger Waters, leader del celebre gruppo musicale Pink Floyd. Per Waters la guerra è sempre stata un'ossessione, avendo subito il trauma della perdita del padre durante lo sbarco di Anzio e moltissimi testi delle sue canzoni fanno riferimento alla guerra e alle sue tragiche conseguenze. Roger Waters lanciò così l'iniziativa "Fallen loved ones", con l'obiettivo di rendere il messaggio del suo spettacolo universale, cioè quel senso di dolore e di perdita che tutti sentiamo verso i familiari uccisi in un conflitto, chiedendo ai fan di inviargli le foto ed una breve descrizione del proprio "caro caduto", indipendentemente dal fronte e dalla guerra combattuta. Durgante, appassionato del gruppo musicale, inviò la foto dello zio Augusto e così il suo volto, insieme a quello di tutti gli altri che avevano contribuito al progetto, è apparsa per diverse centinaia di serate in giro per le città di tutto il mondo e, successivamente, sulla copertina di uno dei dischi relativi al concerto stesso (archivio famiglia Durgante).

▾ In una toccante serie di immagini, vediamo l'uniforme del sottotenente Augusto Durgante, conservata dalla famiglia in una valigia, insieme ad un tricolore. Dell'uniforme si sono preservate la giacca, i pantaloni, il berretto rigido e la bustina. Su questi due si trova il fregio da ufficiale del 4° Reggimento Carristi, da cui proveniva Durgante prima di essere inviato al CCCXII Battaglione Carristi a Rodi; come abbiamo visto la maggior parte dei Carristi di stanza a Rodi continuò ad avere nel tondino del fregio il numero del 4° Reggimento di provenienza (archivio famiglia Durgante).

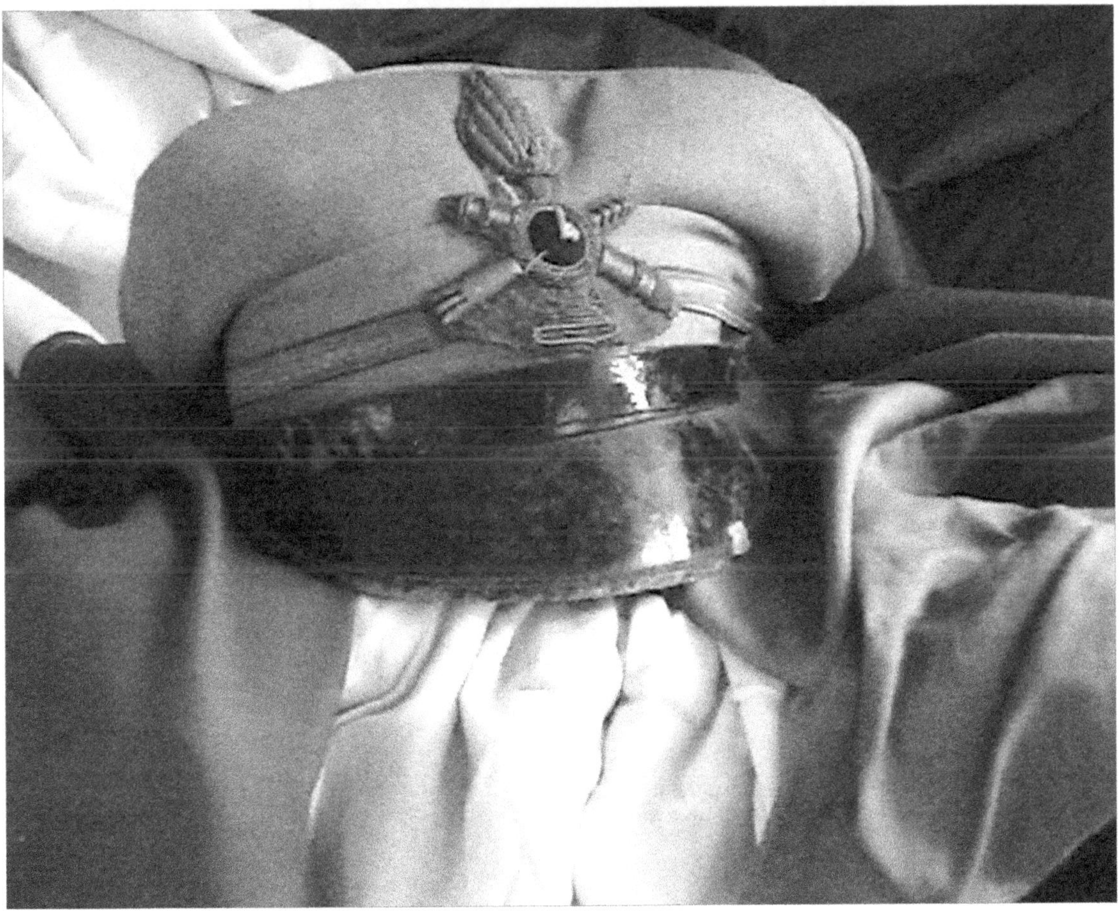

▲ La Medaglia d'onore per gli internati di Augusto Durgante, consegnata alla famiglia il 2 giugno 2015. Questa onorificenza è destinata a tutti i cittadini italiani deportati e internati nei lager tedeschi tra il 1943 ed 1945, sia che si tratti di Internati Militari Italiani che civili (archivio famiglia Durgante).

Carrista Pasquale Iengo

Pasquale Iengo era nato a San Giorgio a Cremano (NA) il 13 marzo 1922. Richiamato alle armi, fu destinato al 312° Battaglione Carri dell'Egeo e, dopo l'Armistizio, fu fatto prigioniero dei tedeschi. Come molti altri militari del reparto, fu avviato all'internamento in Germania ed imbarcato sul piroscafo "Oria", dove perì con gli altri sfortunati militari italiani che si trovavano a bordo. Anni dopo la sorella di Pasquale, ricevette l'elmetto e la baionetta del fratello, ritrovati fortunosamente. All'epoca dei fatti, e per molti anni a seguire, la famiglia non riuscì mai a conoscere il destino di Pasquale; solo molti anni più tardi il fratello, che con grande determinazione aveva continuato a cercare notizie, con gli scarsi mezzi allora disponibili, riuscì a sapere che il congiunto poteva essere deceduto nell'Egeo oppure in Libia. Solo nel 2021 i nipoti, grazie a lunghe ricerche fatte su internet, sono riusciti a scoprire ciò che accadde allo zio Pasquale nel 1944 a Rodi.

▲ Un giovane Carrista Pasquale Iengo a Rodi (archivio famiglia Iengo).

▲ Il Carrista Pasquale Iengo, perito nell'affondamento del Piroscafo "Oria" nella notte tra l'11 ed il 12 agosto 1944, mentre veniva trasportato con altri 4.000 prigionieri italiani verso la Grecia continenale (archivio famiglia Iengo).

▼ Foto di gruppo di Carristi del CCCXII Battaglione Carristi e Fanti della Divisione "Regina". I fanti indossano l'uniforme da fatica in tela bigia de Regio Esercito (archivio famiglia Iengo).

▲ Il Carrista Pasquale Iengo (secondo da destra in piedi, con i baffi) con un commilitone (anch'egli con l'uniforme grigio-verde) a Rodi (archivio famiglia Iengo).

Caporalmaggiore Dante Pedonesi

Ed ecco il ricordo del Carrista Dante Pedonesi, del 4° Reggimento Carristi, trasferito poi al CCCXII Battaglione Misto Carri, nel racconto del figlio Francesco:

"Mio padre Dante, classe 1920, era nato in provincia di Fermo, allora provincia di Ascoli Piceno. Era Carrista del 312° Battaglione Carri Misto Egeo, estrazione del 4° Reggimento Carri di Roma, salpò da bari alla volta dell'Egeo il 9 febbraio 1940. Era caporalmaggiore, apparteneva alla 1ª Compagnia Carristi, poi passato alla Compagnia Comando. Mi raccontava sempre che il reparto penava tantissimo per la mancanza di carburante per fare funzionare i carri "scatoletta". Nel 1941 partecipò all'Operazione "Merkur" su Creta, con pochi carri armati, sbarcando sull'isola quando ormai i giochi erano stati fatti e non si combatteva più.

Dopo l'Armistizio riuscì a darsi alla macchia e nel 1944 fuggì a Samos a bordo di una zattera fatta con dei fusti di benzina; lì fu catturato dagli Inglesi e portato prigioniero a Suez, rientrando a Taranto il 20 luglio 1946.

Dopo la guerra riuscì a fare rientrare in Italia da Rodi la salma di un suo amico, che era stato fucilato dai tedeschi dopo l'8 settembre, quando si erano dati alla macchia. Era venuto a conoscenza del luogo dove i greci avevano sepolto il suo amico e diede le informazioni ai parenti: ora riposa in Italia!".

▲ Una rara immagine di un carro armato FIAT 3000 del CCCXII Battaglione Misto Carri in manovra a Rodi (archivio famiglia Pedonesi)..

▲ Il Carrista Dante Pedonesi del CCCXII Battaglione Carri Misto dell'Egeo con l'uniforme adottata a bordo dei carri armati (archivio famiglia Pedonesi).

▲ Carristi del CCCXII ritratti in atteggiamento scherzoso, al centro il Pedonesi : in caso di punizione, ai Carristi venivano tagliati a zero i capelli, come per i due militari ritratti nella foto con la bustina di traverso (archivio famiglia Pedonesi).

▼ Motociclette, sidecar e mototricicli del Battaglione Carristi a Rodi (archivio famiglia Pedonesi).

▲ Foto di gruppo dei Carristi scattata il giorno di Pasqua del 1943 (archivio famiglia Pedonesi).

▼ Il palazzo sede del Comando EGEOMIL a Rodi (archivio famiglia Pedonesi).

▲ Una fotografia più unica che rara di una delle sei autoblindo lancia 1ZM del Plotone Autoblindo del CCCXII Carristi a Rodi. L'immagine mostra chiaramente che, contrariamente a quanto creduto sino ad ora, queste autoblindo erano dipinte esclusivamente in grigioverde uniforme (archivio famiglia Pedonesi).

▲ Gruppo di Carristi del CCCXII in un momento di relax (archivio famiglia Pedonesi).

▼ Un gruppo di Carristi in una spensierata giornata in riva al mare. La foto è datata 5 settembre 1943, pochissimi giorni prima dell'immane tragedia dell'Armistizio (archivio famiglia Pedonesi).

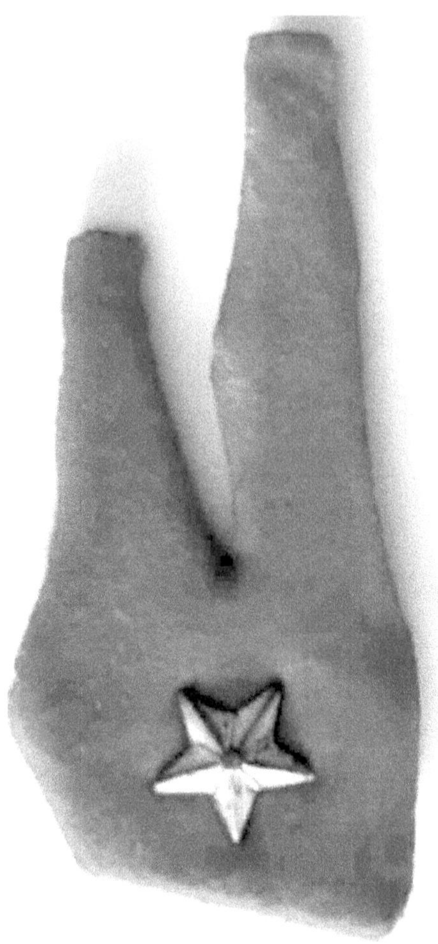
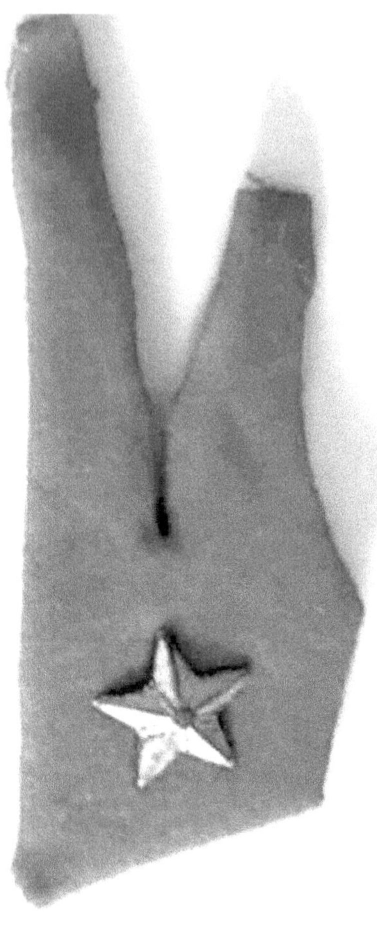

▲ Quanto resta delle mostrine del Carrista Dante Pedonesi: purtroppo la sottopannatura blu è andata perduta durante la prigionia e si sono conservate solo le fiamme rosse (archivio famiglia Pedonesi).

▼ Bustina di Dante Pedonesi, si nota sul fregio l'abitudine di mantenere il numero "4" identificativo del Reggimento di provenienza dei militari del CCCXII Battaglione Carristi dell'Egeo (archivio famiglia Pedonesi).

COLORAZIONE E CONTRASSEGNI DEI MEZZI CORAZZATI

AUTOBLINDO LANCIA 1ZM

Sino a poco tempo fa erano note solo due immagini della Lancia del Battaglione, scattate dopo che le macchine furono abbandonate dagli equipaggi, in seguito alla resa delle truppe italiane. Da queste due foto si era desunto che le Lancia fossero dipinti in grigioverde, sul quale era stata applicata una mimetica gialla a chiazze o a reticolo.

In realtà un recente ritrovamento mostra con maggior chiarezza che le autoblindo avessero mantenuto la sola colorazione grigioverde e che quelle che appariva una mimetica altro non fosse che uno spesso strato di polvere depositato sulla carrozzeria, percorrendo le strade sterrate dell'isola di Rodi.

Sulla torretta, ai lati e sulla parte posteriore, si trovavano tre rettangoli, probabilmente di colore giallo, contenenti il numero del mezzo all'interno del Plotone, probabilmente di colore rosso. Sulla parte posteriore delle fiancate della blindo era riportato in caratteri bianchi il numero romano del Battaglione CCCXII.

Le 6 autoblindo del Plotone erano targate "RE 18B, "Re 26 B","RE 64B", "RE 68B", "RE 74B" e "RE 88B".

Lancia 1ZM Plotone Autoblindo

CARRO ARMATO FIAT 3000

Purtroppo, sono scarsissime e di cattiva qualità le immagini che ritraggono carri FIAT 3000 del Battaglione, per cui non si è potuto identificare con assoluta certezza la colorazione dei mezzi, è possibile solo fare delle ipotesi. Fino al 1939 i carri FIAT 3000 adottavano una livrea interamente in colore marrone rossiccio, che fu gradualmente sostituita durante le manutenzioni programmate con una livrea interamente di colore grigioverde, pertanto i carri del CCCXII potevano assumere una di queste due colorazioni. È altresì probabile che i due colori convivessero all'interno del reparto, dal momento che la colorazione grigioverde andò a sostituire la precedente marrone progressivamente e non a tappeto in un'unica soluzione.

Per quanto riguarda i contrassegni il discorso è invece più semplice. I carri del CCCXII riportavano in torretta i contrassegni tattici a rettangolo di colore rosso (indicante la 1ª Compagnia): uno sulla parte posteriore e due lateralmente al centro della torretta, come rilevabile dalla scarsa documentazione fotografica pervenutaci. Questa posizione era inusuale, poiché sui FIAT 3000 questi due rettangoli venivano in genere apposti sulla parte anteriore e non su quella laterale. Il carro del Comandante di Compagnia aveva il rettangolo di colore rosso pieno, mentre i carri dei Plotoni avevano una, due o tre strisce bianche verticali, indicanti rispettivamente il 1°, 2° o 3° Plotone. Per i carri di Plotone, sopra il contrassegno rettangolare si trovava un numero arabo di colore bianco, indicante il numero del carro all'interno del Plotone (la norma prescriveva in realtà che il numero del carro dovesse essere del colore distintivo della Compagnia).

Nel settembre del 1940 fu emanato un regolamento che sanciva l'adozione del numero romano di colore bianco identificativo del Battaglione sui carri FIAT 3000 sulla parte centrale della torretta, ma questa norma fu largamente disattesa. Il CCCXII fu l'unità unità organica a rispettare questa prescrizione (il numero era posto al di sotto del rettangolo tattico), insieme al CCCXXII Battaglione Carri.

FIAT 3000 modello 21 (L5/21)

CARRO ARMATO L3/33 ED L3/35

Il CCCXII Battaglione Carristi dell'Egeo disponeva sia di carri L3/33 che L3/35. Dalle poche immagini reperite sembra che la colorazione dei carri non fosse uniforme: alcuni appaiono con lo schema adottato sui carri veloci fino alla fine del 1939, costituito da una mimetica a piccole chiazze nere e verde scuro fondo marrone rossiccio, altri invece interamente dipinti in grigioverde, livrea che andò a sostituire la precedente mimetizzazione.

Il contrassegno rettangolare tattico, posto ai lati della sovrastruttura, era di colore azzurro per la 2ª Compagnia e giallo per la 3ª Compagnia. Il carro del Comandante di Compagnia aveva il rettangolo di colore pieno, mentre i carri dei Plotoni avevano una, due o tre strisce bianche verticali, indicanti rispettivamente il 1°, 2° o 3° Plotone. Per i carri di Plotone, sopra il contrassegno rettangolare si trovava un numero arabo indicante il numero del carro all'interno del Plotone (da 1 a 4). Da regolamento il numero del carro doveva essere del colore distintivo della Compagnia, ma dalle foto non è chiaro se questa norma fosse stata rispettata o se, come per i carri FIAT 3000 dello stesso reparto, tale numero fosse bianco.

Sul retro della casamatta, sul lato sinistro in alto, era apposto il numero romano indicante il Battaglione in lettere bianche. (vedi pag. 4)

BIBLIOGRAFIA

Libri

- AA.VV., “Egeo italiano”, Italia Editrice, Campobasso, 1994.
- AA.VV., “La storia fuori sacco”, Città di Barletta, 2010.
- Arena Nino, “R.S.I. – Forze Armate della Repubblica Sociale – La guerra in Italia – 1943 – 1944 – 1945”, Ermanno Albertelli Editore, Parma, 2002.
- Ascoli Massimo, “La Guardia alla Frontiera”, S.M.E. – Ufficio Storico, Roma, 2003.
- Avagliano Mario, Marco Palmieri Marco, “I militari italiani nei lager nazisti. Una resistenza senz’armi (1943-1945)”, Il Mulino, Bologna, 2021
- Baldi Gianni, “Dolce Egeo, guerra amara”, Rizzoli, Milano, 1988.
- Benvenuti Bruno, Colonna Ugo, “Fronte Terra – L’armamento italiano nella Seconda Guerra Mondiale”, volumi 1, 2/I e 2/II, Edizioni Bizzarri, Roma, 1972.
- Cappellano Filippo, Pignato Nicola, “Gli autoveicoli da combattimento dell’Esercito Italiano”, volume I, S.M.E. – Ufficio Storico, Roma, 2002.
- Cappellano Filippo, Pignato Nicola, “Insegne, uniformi, distintivi e tradizioni delle Truppe Corazzate Italiane, T & T edizioni, 2005.
- Ceva Lucio, Curami Andrea, “La meccanizzazione dell’Esercito Italiano dalle origini al 1943”, S.M.E. – Ufficio Storico, Roma, 1994.
- Corbatti Sergio, Nava Marco, “Come il diamante!”, Laran Editions, Bruxelles 2008.
- Crippa Paolo “I reparti corazzati del Regio Esercito e l’Armistizio”, Volume 2, Soldiershop Publishing, Zanica (BG), 2021.
- Crippa Paolo, “I Reparti Corazzati della Repubblica Sociale Italiana 1943 -1945”, Marvia Edizioni, Voghera (PV), 2006.
- Crippa Paolo, “Italia 43 -45 - I mezzi corazzati italiani della Guerra Civile 43- 45”, Mattioli 1885, Fidenza (PR), 2015.
- Cucut Carlo, “Le forze armate della RSI 1943-1945 – Forze di terra”, Trento, Gruppo Modellistico Trentino di studio e ricerca storica, 2005
- Falessi Cesare, Pafi Benedetto, “Veicoli da Combattimento dell’Esercito italiano dal 1939 al 1945”, Interama Books, 1976.
- Filippo Cappellano Filippo, Pignato Nicola, “Il Regio Esercito alla vigilia dell8 Settembre 1943”, Ermanno Albertelli Editore, Parma, 2003.
- Guglielmi Daniele, Tallillo Andrea, Tallillo Antonio, “Carro L3. Carri veloci, carri leggeri, derivati”, GMT, Trento, 2004.
- Nino Arena Nino, R.S.I. Forze Armate della Repubblica Sociale – La guerra in Italia 1943, Parma, Ermanno Albertelli, 1999
- Parri Maurizio, “Tracce di cingolo – compendi generale di storia dei Carristi 1916 – 2016”, A.N.C.I. Verona, 2016.
- Pasqualini Maria Gabriella, “L’esercito italiano nel Dodecaneso 1912-1943 – Speranze e realtà- I documenti dell’Ufficio Storico dello Stato Maggiore dell’Esercito”, S.M.E. – Ufficio Storico, Roma, 2005.
- Pignataro Luca, “Il Dodecaneso Italiano 19142 – 1947”, volume III “De Vecchi, guerra e dopoguerra”,

- Pignato Nicola, “Dalla Libia al Libano 1921/1985”, Editrice Scorpione, Taranto, 1989.
- Pignato Nicola, “Un secolo di autoblinde in Italia”, Mattioli 1885, Parma, 2008.
- Pisanò Giorgio, “Gli ultimi in grigioverde”, Edizioni F.P.E., Milano, 1994.
- Sandri Leonardo, “Reparti della R.S.I. nei Balcani ed in Grecia: settembre 1943 – maggio 1945”, Edito in proprio, Milano 2021.
- Ufficio Storico dello S.M.E., “Le operazioni delle unità Italiane nel Settembre – Ottobre 1943” S.M.E. – Ufficio Storico, Roma, 1975

Articoli

- Cocchia Aldo, “Aspetti navali dello sbarco italiano a Creta”, in “Rivista Marittima”, agosto – settembre 1951.
- Crippa Paolo, “Blindati italiani nel Dodecaneso” in “Milites”, numero 25, settembre/ottobre 2007.
- Crippa Paolo, “Unità Corazzate nel Dodecaneso dopo l’Armistizio “, in “Ritter-kreuz”, numero 40 - anno 7, luglio 2015.
- Luciano Alberghini Maltoni Luciano, “Rodi 1943 – L’anno decisivo per le sorti del Dodecaneso”, Storia Militare”, numero 103, aprile 2002.
- Mattiello G., “I prigionieri italiani a Rodi dopo l’8.9.43”, in “Notiziario AICPM”, numero 57, febbraio 1990.
- Mondini Lorenzo, “L’Operazione “Merkur” e la Divisione Regina”, in Storia Militare, numero 24, settembre 1995.
- Scalpelli Adolfo, “La formazione delle forze armate di Salò attraverso i documenti dello Stato maggiore della RSI”, in “Il movimento di liberazione in Italia” numeri 72 e 73, a cura dell’I.N.S.M.L.I., senza editore, 1963.
- Schierano Mario, “Situazione delle truppe italiane nell’isola di Creta dopo l’8 settembre 1943”, in “Studi Storico Militari”, 1988 .
- Shenck Peter, “Dodecaneso 1943 – 1945”, in “Storia Militare”, numero 90, marzo 2001.
- Tocci Patrizio, “Le Autoblindo Lancia 1ZM”, parte 2ª, in “Storia Militare”, numero 68, maggio 1999.
- Tocci Patrizio, “Le Compagnie Carriste di Frontiera”, in “Storia Militare”, numero 84, settembre 2000.

Archivi

- Archivio famiglia Durgante
- Archivio famiglia Fragassi
- Archivio famiglia Iengo
- Archivio famiglia Pedonesi

TITOLI GIÀ PUBBLICATI - TITLES ALREADY PUBLISHING

BOOKS TO COLLECT

www.ingramcontent.com/pod-product-compliance
Ingram Content Group UK Ltd.
Pitfield, Milton Keynes, MK11 3LW, UK
UKHW061702190726
13853UKWH00008B/2351